证券
柜台交易市场信息效率研究

王宇琼 著

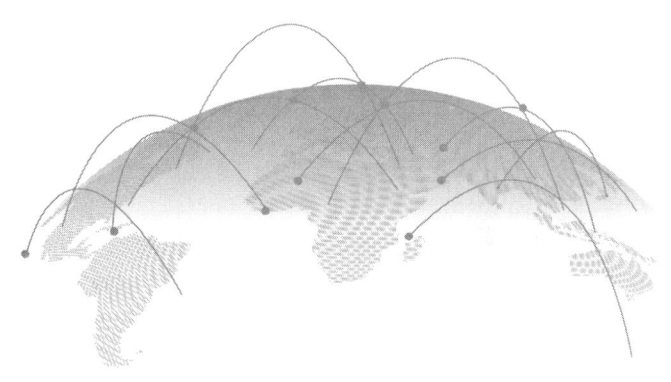

湖南师范大学出版社·长沙

图书在版编目（CIP）数据

证券柜台交易市场信息效率研究 / 王宇琼著. — 长沙：湖南师范大学出版社，2022.9

ISBN 978-7-5648-4686-2

Ⅰ.①证… Ⅱ.①王… Ⅲ.①证券交易—市场信息—信息率—研究 Ⅳ.①F830.91

中国版本图书馆CIP数据核字（2022）第165095号

证券柜台交易市场信息效率研究
Zhengquan Guitai Jiaoyi Shichang Xinxi Xiaolü Yanjiu

王宇琼　著

◇出 版 人：吴真文
◇责任编辑：宋　瑛
◇责任校对：胡　雪
◇出版发行：湖南师范大学出版社
　　　　　　地址 / 长沙市岳麓区　　　　　邮编 / 410081
　　　　　　电话 / 0731-88873071　88873070　传真 / 0731-88872636
　　　　　　网址https：// press.hunnu.edu.cn
◇经销：新华书店
◇印装：长沙印通印刷有限公司
◇开本：710 mm × 1000 mm　1/16
◇印张：10.75
◇字数：180千字
◇版次：2022年9月第1版
◇印次：2022年9月第1次印刷
◇书号：ISBN 978-7-5648-4686-2
◇定价：68.00元

如有印装质量问题，请与承印厂调换。

前 言
PREFACE

证券柜台交易市场是指在证券交易所以外,由证券经纪商(交易商)组织的证券交易市场。随着现代信息技术和电子交易技术的飞速发展,传统的证券柜台交易市场也逐步由分散的店头市场向集中的证券柜台交易市场,以及场外联网证券柜台市场逐步演化。证券柜台交市场的迅速发展对全球证券交易市场影响深远:柜台市场不仅是非标准化金融产品的交易平台,还在标准化金融产品的交易方面和交易所分庭抗礼,2009年通过ECN[①]、黑池以及券商间系统等证券柜台市场完成的上市股票交易量占全美交易总量的比重超过36%。随着中国经济的持续发展和转型升级,经济新常态与市场新格局下的多层次资本市场建设势在必行,但中国证券柜台交易市场的制度构建和运行机制尚未提到应有的高度。证券柜台市场较之场内交易所信息披露更少,交易证券的流动性更低,在这样的信息不对称的情况下,证券柜台市场应如何提高信息效率,这将成为多层次资本市场健康发展基础。

本书从市场微观结构的角度分析证券柜台交易市场的信息机制和信

---

① ECN(Electronic Communication Network)是电子通信网络,是自动撮合客户委托买卖证券指令的私人电子化交易系统,主要基于证券柜台交易。具体定义见第三章第四节。

息效率，研究怎样的市场微观结构可提升柜台市场的信息效率，并由此提出提升证券柜台信息效率的制度构想。交易制度不同，证券柜台市场的信息机制也不同，市场的信息效率也由此不同。因而从信息效率的角度研究证券柜台市场的交易制度有相当的理论和现实意义：一方面，能为证券柜台市场对不同金融资产的交易适用性提供经验证据；另一方面为证券柜台市场的制度构建提供微观基础，从而促进我国多层次资本市场的发展。目前我国学术界对证券柜台市场的研究偏重制度介绍和定性分析，从微观结构视角分析市场信息效率的文献较少，而国外对证券柜台市场的研究则多从微观视角分析价格形成，少有制度演进的脉络分析，难以形成有针对性的制度建议。笔者认为这两种思路结合可为证券柜台市场的研究提供更深入和宽广的视角，更好地把握证券柜台市场信息机制的本质和特征，这便是本书选题的意义所在。

本书的研究思路是考察不同交易制度如何改变证券柜台市场的微观结构，以及由此产生的市场信息效率的差异，结合海外柜台交易市场提高信息效率的实践，来考察特定的交易制度-微观结构对于信息效率的影响。主要讨论了四方面的问题：（1）证券柜台市场具有怎样的信息结构和信息机制？（2）证券柜台市场信息效率受何因素影响？（3）不同微观结构下证券柜台市场信息效率有何不同？（4）如何提升证券柜台市场信息效率？

全文分七章论述，各章内容如下：

第一章，导论。介绍本书的研究背景，研究目的和研究意义，文献综述和技术路线。

第二章，证券柜台交易市场的信息效率理论。信息不对称、信息显示和市场微观结构三个理论形成完整的证券柜台交易市场信息理论的链条。证券柜台交易市场可逐渐显示私人信息,但仅在理性预期的条件下信息才能完全显示,因此本章引入信息显示的充分度和速度来衡量并非有效市场的证券柜台市场的信息效率;市场微观结构影响证券柜台市场的信息效率,主要影响机制包括交易机制的选择,交易组织和交易透明度的设置。

第三章,证券柜台交易市场提高信息效率的国际实践。证券柜台交易市场是非标准化金融产品的交易平台,其不仅是多层次资本市场的基石,也是金融创新功能实现的平台。证券柜台市场的组织特征是存在交易中介,其"金融中介+金融市场"的运营机制有助于解决市场的信息不对称:做市商作为金融中介具有信息生产功能,而市场机制则通过交易显示信息,因而证券柜台市场组织的本质是构建了一个信息网络。海外成熟证券柜台市场提升信息效率的制度创新包括:构建做市商交易机制,建设多边交易平台,建设非公开交易平台。

第四章,证券柜台交易市场信息效率的影响因素研究。证券柜台市场的信息效率不仅受交易机制的约束,还受到交易组织以及交易透明度的影响。本章首先建立做市商交易机制下证券柜台市场的信息模型,然后考虑交易组织和交易透明度的变化对市场信息效率的影响,扩展基本模型分别构建证券柜台市场单边－多边交易的信息显示模型和公开－非公开交易的信息显示模型,衡量和比较不同交易组织下证券柜台市场信息显示的充分度以及不同交易透明度下信息显示的速率。模型和数字模拟均显示:多边交易组织相较单个证券柜台的信息显示充分度有所提升;而分层交易透明度下公开和非公开信息渠道共存时,信息显示速率比仅有公开信息渠道时更快,由此验证交易组织和交易透明度对证券柜台市场信息效率均有影响。

第五章，不同市场微观结构下证券柜台市场的信息效率的实证研究。选取美国 TRF 场外交易汇总代表多边证券柜台交易网络，中国的银行间债券市场代表集中证券柜台交易市场，新三板市场代表分散证券柜台交易市场。实证检验显示：多边证券柜台交易网络的信息效率不弱于交易所市场；集中证券柜台交易市场做市商报价对成交价的引导有一定作用，但不显著；分散证券柜台交易市场尚未达到弱有效；从而验证市场微观结构确实影响市场的信息效率。

第六章，提高我国证券柜台交易市场信息效率的制度构想。分析成熟证券柜台交易市场提高信息效率的法规和制度实践，并在此基础上提出我国证券柜台交易市场应打造基于证券柜台的信息网络，实现信息效率的提升。证券柜台交易市场应定位于资本市场的信息利基市场，包括：交易商市场（dearler market），机构间市场（institutional market），非公开交易平台（dark market）。

第七章，总结。基于上述研究对于如何为证券柜台交易商构建良好的信息机制，优化证券柜台市场的资源配置功能提供政策建议。

证券柜台市场的建设是多层次资本市场建设的基础环节。随着多层次资本市场建设的大力推进，柜台市场已成为各大证券公司积极布局和发力的蓝海。较之海外成熟完善的私募市场与场外市场，我国证券场外市场刚刚起步，发展较为滞后，产品种类单一，投行的资本中介功能远远没有发挥作用。本书从信息经济学和市场微观结构的角度研究证券柜台交易市场的信息机制，论证怎样的交易制度设计可提升信息效率，为决策部门制定政策提供了依据。

目 录
CONTENTS

第一章　导论
　　第一节　选题背景和意义 …………………………………………… 001
　　第二节　研究对象和相关概念界定 ………………………………… 003
　　第三节　文献综述 …………………………………………………… 004
　　第四节　研究思路和方法 …………………………………………… 014
　　第五节　本书的主要贡献 …………………………………………… 016

第二章　证券柜台交易市场的信息效率理论
　　第一节　证券柜台交易市场的信息不对称 ………………………… 019
　　第二节　证券柜台交易市场的信息机制 …………………………… 022
　　第三节　市场微观结构对证券柜台市场信息效率的影响
　　　　　　 ………………………………………………………………… 028
　　第四节　证券柜台交易市场信息效率的理论框架 ………………… 031

第三章　证券柜台交易市场提高信息效率的国际实践
　　第一节　证券柜台交易市场构建的必要性和驱动因素 …………… 034
　　第二节　证券柜台交易市场的功能定位和运营机制 ……………… 041
　　第三节　证券柜台交易市场的发展形态和资源配置效率 ………… 046
　　第四节　海外证券柜台交易市场提高信息效率的实践 …………… 051

第四章　证券柜台交易市场信息效率的影响因素研究

第一节　交易机制对证券柜台市场信息效率的影响 ⋯⋯ 058

第二节　交易组织对证券柜台市场信息效率的影响 ⋯⋯ 068

第三节　交易透明度对证券柜台市场信息效率的影响 ⋯⋯ 085

第四节　研究结论与政策启示 ⋯⋯ 100

第五章　不同市场微观结构下证券柜台市场信息效率的实证研究

第一节　分散柜台交易市场信息效率的实证研究 ⋯⋯ 102

第二节　集中柜台交易市场信息效率的实证研究 ⋯⋯ 109

第三节　多边柜台交易网络信息效率的实证研究 ⋯⋯ 117

第四节　研究结论与政策启示 ⋯⋯ 123

第六章　提高我国证券柜台交易市场信息效率的制度构想

第一节　海外证券柜台交易市场提高信息效率的法规实践 ⋯⋯ 125

第二节　我国证券柜台交易市场发展的现实基础 ⋯⋯ 135

第三节　提高我国证券柜台市场信息效率的交易制度 ⋯⋯ 139

第四节　提高我国证券柜台市场信息效率的顶层设计 ⋯⋯ 141

第五节　本章小结 ⋯⋯ 146

第七章　总结

第一节　主要的研究结论 ⋯⋯ 148

第二节　政策建议 ⋯⋯ 150

参考文献 ⋯⋯ 152

第一章

导论

证券的柜台交易（over-the-counter）是相对于交易所交易而言的，是指在交易所之外进行的证券交易。证券柜台交易市场是指在证券交易所以外，通常由证券经纪商（交易商）组织的证券交易市场，因而也称店头市场或场外市场；主要形式包括证券柜台交易，以及基于证券柜台的电子网络交易等。其主要特点是客户通过做市商买卖证券，或买卖双方直接询价成交。证券柜台市场的信息机制与场内交易市场截然不同，而市场的信息效率将决定证券市场的资源配置能力。本节将引入证券市场的信息、信念、信息效率等概念，回顾与评述既往文献关于证券柜台市场信息效率的研究，提出本书基于"交易制度 – 微观结构 – 信息效率"的研究框架，为后续研究奠定基础。

第一节 选题背景和意义

随着现代信息技术和电子交易技术的飞速发展，传统的证券柜台交易市场也逐步由分散的店头市场，向集中的证券柜台交易市场，以及场外联网证券柜台市场逐步演化。证券柜台交易市场的迅速发展对全球证券交易市场影响深远：其首先是种类繁多的非标准化金融产品的交易平台，尤其在债券和衍生品的交易中占据主导地位，证券柜台市场衍生品交易量占衍生品交易总量的90%以上；另外证券柜台市场还发展出ECN、黑池以及机构间交易系统等多种市场形态，在标准化金融产品的交易方面与交易所分庭抗礼，2009年通过ECN、黑池以及券商间交易系统完成的上市股票交易量占全美交易总量的比重超过36%。

和海外证券柜台市场的如火如荼相比，我国证券柜台交易市场处于起步阶段，市场交易品种少，投资者也以个人投资者居多，市场交投清淡。而这一问题追根溯源，在于证券柜台市场的制度建设尚未健全，证券柜台市场金融产品的发行和交易尚无明确指引，做市商在证券柜台市场的交易中介角色也未建立，导致市场的信息不对称依然严重。借鉴海外市场的发展经验，证券柜台交易市场是资本市场层次化发展的必然结果，出于充分发挥市场资源配置功能的需求，研究证券柜台市场的信息显示机制和效率具有非常重要的理论意义。信息效率之所以重要，是因为它描述了市场显示信息的能力，而市场的信息效率将决定证券市场资源配置的能力，从某种意义而言信息效率是证券市场效率的基石。20世纪30年代哈耶克就提出市场的信息集聚功能，即市场可将分散于参与者间的信息集聚起来完全显示。Grossman（1981）提出理性预期的概念，描述价格在显示信息时所起的作用。但现有信息效率的研究大多基于集中交易市场，而证券柜台市场大多为分散交易，其一般通过报价显示信息，交易人从对手方出价以及讨价还价的过程中学习（learning）。虽然Banerjee（2004）从社会化学习的范式研究了分散市场的信息显示，但对证券柜台交易市场信息显示机制和效率的研究仍然较少。

构建证券柜台交易市场需要各项相应的制度安排，因此研究证券柜台交易市场的信息效率具有重要的现实意义。本书从市场信息效率的视角出发，研究证券柜台市场的信息如何显示以及受何影响，并提出提高证券柜台市场信息效率的制度构想，这对我国方兴未艾的证券柜台交易市场建设具有较强的现实意义。

第二节　研究对象和相关概念界定

一、信息与信号

在证券市场，信息的到来会使人们修正对事物的认识。Arrow 定义信息是"根据条件概率原则能有效改变后验概率的任何可观察结果"；而信号为交易者实际接收到的市场"显示"的信息，是信息和市场噪声的加成，其精确性要弱于信息。若信号完全等于信息，则说明市场完全显示信息，即市场为有效状态。

二、信念和预期

按照经济学的定义，信念是人们对于世界的先验看法；预期指"经济人对经济变量在未来某一时期的数值做出估计"，是变量的数学期望。

三、信息效率和信息显示

信息是决定证券市场效率的核心因素，信息效率（information efficiency）是指资产价格对信息的反应能力，也即市场对信息的显示能力。市场的信息显示越完全，其信息效率也越高。根据市场对信息显示程度的不同，经典的有效市场（EMH）假说描述了三种层次的信息效率：

（1）弱式有效市场：证券价格显示并仅显示和证券相关的历史信息。

（2）半强式有效市场：证券价格显示和证券相关的所有公开信息，即市场的历史信息和公开信息。

(3)强式有效市场:证券价格显示市场的所有信息,包括公开信息和私人信息。在强式有效市场假说下,信息得到完全显示。

信息效率之所以重要,是因为它描述了市场显示信息的能力,而市场对信息的显示效率将决定证券市场资源配置的能力。因为信息不对称,市场很难立即和完全显示信息,在半强有效与强有效市场之间,还存在许多中间的市场有效(如图1-1)。而市场信息效率本质就研究市场显示信息的能力,因而本书扩展Fama(1970)的有效市场定义,引入市场对信息显示的充分度和速度描述这些中间状态市场的信息效率。事实上,在证券价格形成过程中,信息是在不同交易方决策的综合作用下,按照交易制度的规定才显示到价格上,这就是信息显示机制。交易制度的差异决定了信息显示机制的差异,而不同信息显示机制的效率也各不相同。本书将比较不同微观结构下市场的信息效率,以研究怎样的交易制度可提升信息效率。

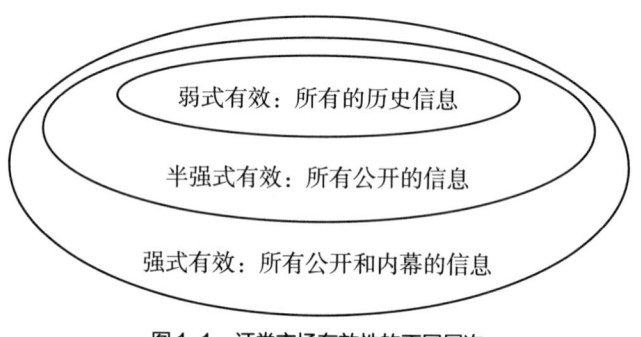

图1-1 证券市场有效性的不同层次

第三节 文献综述

关于证券柜台交易市场信息效率的研究主要有两种不同视角:其一在宏观层面,基于新制度经济学的制度变迁理论(Institution Change Theory)研究制度演进对市场发展的影响;其二在微观层面,从市场微观结构理论(Market Microstructure Theory)

的角度分析影响信息显示的各种微观因素。国外文献主要集中在微观层面，探讨市场的价格形成和信息显示机制。国内文献主要集中在宏观层面，关注制度变迁和制度建设。笔者认为国际和国内关注的重点不同与证券柜台交易市场在两地所处的发展阶段不同有关，本书以此为线索分别梳理这两方面的研究成果。

一、国外证券市场的信息显示及其效率研究

经济的基本任务是实现有限资源的最优配置。哈耶克（1945）指出，资源的任何配置都是基于特定信息决策的结果，因此经济生活所面临的根本问题不是资源的最优配置，而是如何最有效地利用信息（陈汉文，2001）。Fama"有效市场假说"更进一步把市场的信息效率与价格联系起来，认为市场效率取决于价格所反映信息的程度。因此证券市场某种程度是信息的市场，市场能否充分与及时地显示信息将影响证券价格的有效发现，而信息显示不充分可能扭曲证券价格，引致市场资源低效配置，最终影响市场资源配置的功能发挥。

（一）信息显示与信息效率

1. 信息不对称和信息显示

信息不对称（asymmetric information）指经济或社会等活动中各方占有信息质量、数量的不对等，一部分成员拥有其他成员所不具备的信息。信息经济学认为，信息不对称导致市场中交易方的获益失衡，继而影响到市场配置资源的效率。证券市场的信息不对称体现在：信息在交易方之间分布不对称，而交易前后的信息不对称将引起"逆向选择"和"道德风险"的经济后果，严重降低市场运行效率，极端情况下甚至会造成市场交易的停顿。研究表明证券柜台市场的交易清淡很大程度源于证券柜台市场的信息严重不对称。

正是信息不对称使得人们开始研究市场的信息显示功能。Spence（1973）指出，解决信息不对称的一个重要方法是信息显示（即通过价格反映信息，帮助人们降低经济活动中的不确定性），由此，评价一种经济体系是否有效率，取决于其是否有

可充分显示信息的机制。

2. 市场的信息显示功能

哈耶克（1945）提出市场具有信息显示的功能，认为"在竞争性的市场中自由形成的价格体系更有利于激励人们使用私人信息，并因此实现知识的利用，因而更有利于社会有限资源的配置"。哈耶克假说认为市场可以加总信息，其价格系统会给决策提供正确的信号，这一观点强调了市场显示信息的动态过程。在不完全信息条件下，市场通过价格传递私人信息，对个人预期和需求产生影响；而信息接收者利用价格信号来更新自身信息，并将更新后的信息反映于市场行为，继而构成其他交易者行动的基础，因此市场具有聚集经济体中分散信息的特质，此即市场的信息显示功能，也是哈耶克所言的"市场的本质优越性"（1945）。

哈耶克假说是理性预期模型的基石，这些模型解释了理性交易者如何通过价格和其他公共统计量对相关的未知参数做出最优估测（Radner, 1979; Grossman, 1989）。在此价格体系是交流信息的机制，而竞争是信息显示的过程，个人追求自我利益时借助信息不断试探并纠正自己的决策，结果使得信息在市场中扩散和显示，这样的市场秩序促进了资源的合理配置。

3. 有效市场和信息效率

在哈耶克的概念里，市场成为一种信息显示的机制。该理念继续发展则成为经典的有效市场理论。有效市场理论起始于 Bachelier（1900）的研究，股票价格近似随机游走（random walk），即证券价格行为基于"公平博弈"，投资者的期望利润为零；而 Fama（1970）提出了有效市场假说，有效市场可利用所有可得信息来决定未来价格的概率密度函数，即有效市场的价格可显示市场所有信息。但此假说成立还存在以下前提条件：

（1）市场充分竞争，没有垄断和操纵。

（2）资金流动无阻碍，任一经济主体可按市场利率水平借贷；资产可完全分割，市场摩擦成本即交易成本（含税收）足够小。

（3）信息成本足够小，市场参与者面对同时、同质的信息。

（4）市场参与者均理性和追求效用最大化，从而形成合理预期。

由此可见，有效市场假说反映的是理想状态下的市场，可完全显示所有信息；现实市场由于存在信息成本和交易成本，有效性假设的极端文本难以实现。但有效市场假说提供了一个清晰的基准，使得人们可忽略信息成本和交易成本等因素，集中研究价格对不同信息的显示能力。也就是说，与有效性极端文本之间的偏差在信息成本和交易成本之内，可能存在市场近似有效的情景，学者们以此为基准关注市场的信息效率，市场是否能显示经济体中的分散信息，什么环境下市场可实现完全信息显示和有效结果。

（二）证券柜台交易市场的信息效率

对证券柜台交易市场信息效率的评价开始于20世纪70年代，实证结果对柜台市场的有效性存在争议：有学者基于柜台市场的证券价格变化基本独立得出证券柜台市场弱式有效（如Hagerman和Richmond，1973）的结论，还有学者基于年度盈余公告的信息含量认为证券柜台市场相对半强式有效（Hagerman，1975）。这些实证研究主要从公共信息的角度检验市场，常用方法是Beaver（1968）的信息含量方法，即比较盈余公告期间股票价格变动幅度。如果市场效率较低，盈余公告将具有信息含量，则公告期间的股票价格变化幅度将高于对比期间的价格变动幅度。

另有研究从私人信息角度解释证券柜台市场信息显示，认为证券柜台市场的信息显示是渐进的，市场在最后一刻达到有效。证券柜台市场采用做市商制度，做市商除能获知市场公开信息外，还能通过制度优势获知不为市场所知的私人信息，做市商的信息优势使得证券柜台市场的信息不对称。Huang（2002）的实证观察提出，做市商的报价可传递私人信息，但其没必要做出最佳的报价，因而在接近信息对外公布的日期，私人信息的显示才逐渐增多；并且逆向选择在交易的最后阶段表现得非常强烈，因为隐藏信息的机会成本在这一阶段达到最大。Calcagn和Lovo（2006）建模说明了证券柜台交易市场由半强有效到强式有效的过程，证明证券柜台交易市场只有在对外公布信息的前一刻证券价格才完全显示信息。因此证券柜台交易市场的信息不一定完全显示，信息显示的过程至关重要，决定了市场的信息效率。

Vivis（2013）认为市场并一定完全显示信息。信息效率受到市场微观结构的影响，首先依赖于市场组织，拍卖市场聚集信息对参与者的数量要求不高，且能在更多的环境下聚集信息，而古诺市场则较平滑，因而前者比后者的信息显示能力更强；其次还依赖于交易者使用何种指令，越复杂的指令在信息显示方面表现越好；另外交易机制也会影响信息显示，到底是指令驱动还是报价驱动，在指令驱动市场知情交易者将先行动，而在报价驱动市场，没有信息的做市商先行动，指令提交的方式也影响信息如何显示。

（三）信息效率与市场微观结构

有效市场假说将信息显示与证券价格相联系，使得价格成为信息显示的信号。由于证券市场存在各种各样的摩擦，证券价格不一定等于完全信息条件下的预期，即证券价格虽可显示信息，但不一定完全显示信息，由此信息传递的过程至关重要，市场微观结构学说便是研究信息传递及其影响因素。

1. 信息完全显示模型

Grossman（1976）提出理性预期模型，证明在理性预期下的信息才可完全显示，为证券市场的信息显示功能提供了理论支持。在理性预期模型中，市场价格集成了私人信息并且将信息显示给市场上其他交易者，市场出清于理性预期均衡价格。其经济学意义在于：在信息不对称但市场完美且效用可分的条件下，理性预期均衡价格是全社会全部信息的充分统计量，此时价格完全显示信息，即便拥有全部私人信息的帕累托计划部门也无法提高社会福利。因此理性预期均衡下的资源配置和瓦尔拉斯一般均衡下的资源配置相同，都实现了资源的最优配置。

2. 市场结构与信息效率

证券市场理性预期均衡的研究可分为两个时期，前期以 Grossman（1976）、Grossman 和 Stiglitz（1980）的信息模型为代表，研究信息成本对信息效率的影响；后期以 Hellwig（1980）的竞争模型和 Kyle（1984）的非竞争模型为代表，主要关注市场结构对信息效率的影响。

首先，信息成本将影响信息效率。Grossman 和 Stiglize（1980）提出信息成本会阻碍信息的完全显示，若私人信息获取需要成本，则理性预期均衡下价格只能显示部分私人信息，因为市场没有提供信息搜集成本的补偿机制。Grossman 和 Stiglize（1980）进一步论证市场能否完全信息显示是信息成本、知情交易者的信息质量以及风险厌恶程度等综合因素作用的结果。其次，市场竞争也影响信息效率。Kyle（1984）提出垄断市场的知情交易者为最大化其利润会保留一部分私人信息，因此均衡价格不会显示所有信息；而 Hellwig（1980）提出在竞争市场，随着交易者人数趋向无穷，个体交易者的行为不会影响均衡价格，竞争性均衡下市场信息可完全显示。再次，市场透明度对于信息效率也有影响。Zhu（2011）认为证券柜台市场的响铃效应（ringing-phone curse）比拍卖市场"赢家诅咒"（winner's curse）效应要小，因而不透明的证券柜台市场利于信息更快显示：因为当证券柜台交易成交时，交易买家会推断仅已拜访的买家比他悲观；但在拍卖市场成交时，交易者会推断市场其他买家都比他对交易悲观，因此交易在拍卖市场比在证券柜台市场更难发生，从而证券柜台市场的信息更容易显示。

3. 学习与信息效率

学习机制同样影响信息效率。Duffie，Garleanu 和 Pedersen（2005）用搜寻理论分析证券柜台交易市场的供求均衡和信息显示，证明搜寻成本通过影响信息显示，进而影响买卖价差。如果投资者容易搜寻到其他做市商，做市商的讨价还价能力就减少，买卖价差就会变低。反之投资者的搜寻成本越高，做市商的垄断性越强，买卖价差就越高。Duffie，Malamud 和 Manso（2009）还进一步运用搜寻模型描述了交易者之间的信息交换和学习，以及学习如何影响搜寻能力。Golosov，Lorenzoni 和 Tsyvinski（2009）建模刻画证券柜台市场非知情交易者的学习，双边交易中，非知情交易者通过小规模出价从知情交易者处获取信息，只要交易存在盈余，非知情交易者便可从这种实验型的交易中学习，交易最终实现信息完全显示。

以上分析可以看出，信息效率是市场整体条件的综合反映。可将资产价格波动分解为两方面的因素：信息效应引起的波动和市场微观结构引起的波动。前者是经典金融理论描述的价格形成，由信息效应和市场噪声决定市场价格，但这种理论的定价其实基于市场无摩擦的假设,而现实市场并非没有摩擦和成本,理论价格和实际价格之间由此存在差异,这种差异正是市场微观结构理论所研究的。合理的市场微观结构设计可提高市场的信息效率,减少微观结构效应引起的价格波动,由此资产价值评估才越准确。

二、国内证券柜台交易市场的演进研究

我国的证券柜台交易市场尚在发展起步阶段,主要研究侧重于市场的发展和制度构建,比如从制度经济学角度研究多层次资本市场的结构,从法律规制角度研究市场发展和监管的关系。关于证券柜台市场信息效率的研究主要集中在信息披露和会计信息含量的研究上,从市场微观结构视角研究信息显示和信息效率的文献较少。

(一)资本市场的层次结构和证券柜台市场的产生

在世界范围内,资本市场的建立和层次演进是一个自发的长期过程。西方经济学界对于资本市场的层次性研究较少,关于证券柜台交易市场的研究则主要是探讨交易机制等技术性问题,少有涉及市场定位和发展;但我国资本市场的建设和层次演进更多是由政府设计并推动执行的,因而关于多层次资本市场的研究文献更丰富。现有研究主要从资本市场的完备性、金融分工、投资者风险偏好和融资优序等角度构建多层次资本市场的理论基础。这些市场层次结构的理论研究使我们从功能角度对证券市场及其结构演进有了更深层次的理解(陈斌,2000)。

王海之(2002)、谢百三(2003)从金融分工的角度提出这些不同层次的市场在层次间分工明确,满足了不同企业和投资者的需要,任何类型的企业和投资者都可以找到适合自身的市场层次和交易平台。邹德文(2006)通过实证分析提出"美国多层次的证券交易市场结构使得证券市场的功能得到了充分的发挥"。阙紫康(2007)提出多层次证券市场为美国经济在全球化时代的经济竞争的"复兴"发挥了至关重要的作用。

滕军、李明亮、周新辉(2006)提出基于完备性理论下的多层次资本市场构建的框架,该分析框架依托于状态依赖性权证市场理论(contingent market theory),是

一般均衡框架在资本市场分析方面的延伸。该理论以状态空间来描述未来的不确定性,并以不确定状态来区分交易对象,而资本市场的完备程度决定了市场主体间风险分担交易的可行空间。如果将资本市场的既有证券 $j \in J$ 描述为不同未来状态下的支付向量,那么如果支付矩阵的 $A=[\alpha_{js}]$ 的秩[1](不确定状态的数量)为 S,其中 $j=1,\cdots J$,$s=1,\cdots S$,若 $RANK(A)=S$,则资本市场完备;若 $RANK(A)<S$,则资本市场不完备。而完备资本市场能通过自由竞争的市场交易机制实现资源配置的完全帕累托最优。由于证券的数量决定了一国资本市场完备程度的上限,因此资本市场的完备程度同市场可交易证券的种类和数量具有直接联系。而从根本而言,资本市场的完备程度取决于市场中呈非线性相关证券的数量与未来不确定状态数量之间的对比。完备资本市场理论构建了多层次资本层次的理论基础,在完备资本市场理论下,证券柜台交易市场的发展是资本市场内生演变的结果:资本市场的制度演变会推动资本市场的层次化发展,市场机制也愈加完善,这将促进金融创新,使得金融产品的种类愈加丰富,最终促使资本市场趋于完备。

(二)证券交易制度和证券柜台市场的发展

关于资本市场的制度演变,王国刚(2006)指出庞大的投资者需求是证券市场多层次化发展的基础,而配套的法律和制度环境则为证券市场的层次化发展提供了萌芽的土壤(吴晓求,2002)。胡海峰(2010)认为美国证券市场从交易所市场体系向证券柜台市场体系的演进是制度变迁的结果,有效的制度安排是不可或缺的条件。比如两部法案直接推动了证券柜台交易组织的革新,1996年的《订单处理规则》(Order Handling Rule)和2007年的《全美市场系统规则》(Regulation of NMS)修正案推动了基于证券柜台的多边电子通信网络(ECN)和交易所的竞争,使得ECN在纳斯达克证券市场[2]的份额三年之内由10%提升至40%(李迅雷,李明亮,

---

[1] 秩是线性代数术语。一个矩阵的秩是其非零子式的最高阶数,一个向量组的秩则是其最大无关组所含的向量个数。

[2] 纳斯达克证券市场(NASDAQ)英文全称是"National Association of Securities Dealers Automated Quotation",是由全美证券交易商协会(NASD)创立并负责管理的证券场外市场,是全球第一个电子交易市场。

2013);而 SEC[①]公布的《144A》法案则催生了基于证券柜台交易的 PORTAL[②]联盟大发展(杨柏国,2010)。因而制度构建对证券柜台交易市场的发展具有举足轻重的作用。

制度变迁的经济学理论将制度变迁归结为以下四种原因的推动:(1)制度选择集合改变;(2)技术改变;(3)制度服务需求改变;(4)其他制度安排改变。胡海峰(2010)以美国证券柜台交易市场的发展历程为例分析制度变迁发生的条件:第一,内生性积累是制度变化的基础,正是机构投资人的发展推动更多样化的交易需求;第二,技术进步是制度变化的催化剂,其提供更为灵活的交易手段;第三,行为主体主导变革和实施,行为主体一般是可从制度变迁中获益的社会群体,比如机构投资人作为证券柜台市场的参与主体,在政府限定的制度选择集合内充分发展了优先股、股票期权、优先股权证等现代金融工具,不仅自身受益于交易费用的降低,也大大推动了柜台交易市场的发展,因而证券柜台市场发展在制度经济学的框架内被视为制度演变的内生结果。新古典金融学认为:金融产品的同质性以及充分多样性并非自然而然的"外生"存在,而是基于一系列金融交易和金融制度变迁才达到的"内生"结果。交易成本为零的金融境界并非上帝的天然"恩赐",而是人们意在增加金融交易剩余,从而投身金融制度创新过程的结果(张杰,2010)。从这个意义而言,正是金融制度的创新推动了资本市场的多层次发展,不仅满足了多样化的交易需求,也推动了证券柜台交易市场的发展,使得资本市场的完备性逐步提升。

三、文献评述

根据以上国外文献对于证券柜台市场信息显示及其效率的研究,以及国内文献对于证券柜台交易市场和制度演进的研究,可以得出以下研究进展。

[①] SEC 英文全称是 the U.S. Securities and Exchange Commission,即美国证券交易委员会,负责美国的证券监督和管理工作,是美国证券行业的最高机构。
[②] PORTAL 市场是 NASDAQ 从 1990 年起开始运营的市场,是旨在交易 144A 规则下有价证券的交易系统。PORTAL 市场也即通常所称的私募市场,私募发行的股票可以在这里进行买卖。

第一，证券柜台交易市场层次和范围的确定。随着信息技术的发展和交易场所的竞合加剧，证券场内外市场界限日益模糊，证券柜台交易市场迄今已发展出分散柜台市场、集中柜台市场和电子柜台交易网络等不同的市场形态。对于如何认识证券柜台市场在不同发展阶段的不同市场形态，林煊（1997）提出市场外在形态的改变是顺应需求制度内生的结果，并不影响其市场本质。证券柜台市场的本质只体现在市场组织形式，即其采取证券交易商组织市场的形式；本书由此将交易商组织的"多边证券柜台交易网络"和黑池交易平台等新型证券柜台交易市场纳入研究范围。

第二，证券市场具有信息显示功能，哈耶克（1945）提出市场是一种信息显示的机制，通过价格体系指引资源的配置。该理念继续发展为有效市场价假说，将信息显示与证券价格相联系，因此信息显示程度成为评价市场信息效率的关键。

第三，证券市场信息显示具有复杂性和渐进性的特点。市场的信息效率是指证券价格显示信息的能力；价格对信息存在完全显示和不完全显示两种结果，市场有效仅是信息显示的一种经济后果。市场显示信息的能力和市场结构（竞争程度、透明度）以及交易中的学习有关。

第四，交易制度将影响市场的信息显示和信息效率。证券柜台交易市场的发展是资本市场内生演变的结果，正是制度的创新推动了证券柜台交易市场的发展。田存志（2012）指出交易制度是博弈规则，它影响交易者的获得信息的能力和动力，也影响交易者的博弈结构，最终会影响信息效率。

综合以上研究发现，国内对证券柜台市场的研究多从制度经济学出发，偏重制度介绍和对市场的定性分析，从微观结构视角分析市场信息效率的文献较少，因而市场制度设计缺乏微观基础；而国外对证券柜台市场的研究多从微观结构视角分析价格形成，少有对市场和制度演进的脉络分析。而且对证券柜台交易市场的新趋势——多边交易网络、非公开交易平台等新现象，已有的研究大都存而不论，少有解释，因此难以从纷繁市场形态中把握市场本质。笔者认为制度经济学与信息经济学相融合可为证券柜台市场的研究提供更深入和宽广的视角，更好把握证券柜台市场信息机制的本质和特征。另外，已有研究大多基于市场有效假说评价证券柜台市场的效率,缺乏对信息显示和信息效率之间关系的深入理解,难以形成有针对性的制度建议,这些正是本书力图解决的问题。

第四节 研究思路和方法

一、研究思路

本书的研究思路如图1-2所示。证券柜台市场的信息传导需要三个环节:信息披露、信息传递和信息显示(价格)。首先信息披露指交易信息的披露;信息传递是指通过金融中介(做市商)的信息加工、交易者的学习,信息在市场逐渐扩散的过程;信息显示则通过交易行为实现,交易者通过信息传递形成关于证券价值的新

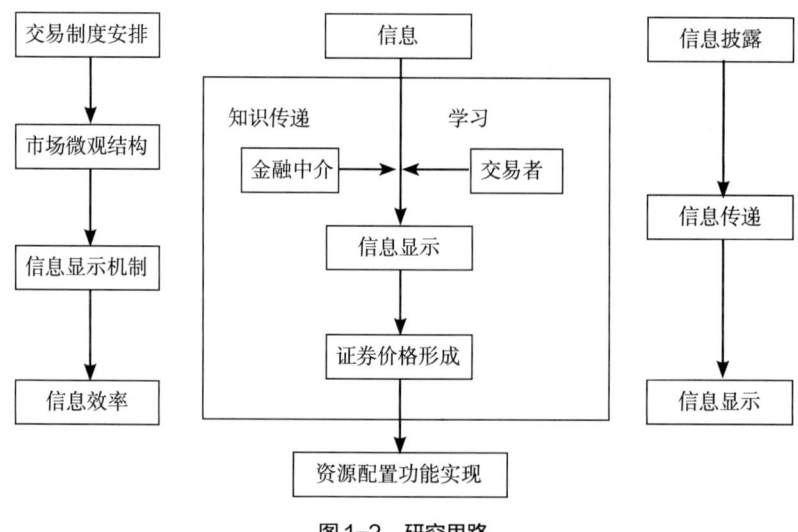

图1-2 研究思路

预期，交易行为影响到市场供求带来价格的变动，并形成新的均衡价格，这也是信息显示过程。这三个环节紧密衔接，构成市场完整的信息传导链。在信息传导的整个过程中，交易制度安排影响市场微观结构，即信息传递的路径与方式，继而影响信息显示和信息效率。本书通过比较不同微观结构下证券柜台市场的信息显示机制和效率，研究特定的交易制度-微观结构对于信息显示和信息效率的影响。主要研究内容有：（1）证券柜台市场的信息结构和信息显示；（2）证券柜台市场信息效率的影响因素；（3）不同微观结构下证券柜台的市场信息效率比较；（4）提高证券柜台市场信息效率的构想。

二、研究方法

本书以分析证券柜台市场信息显示和信息效率为主线，采用规范分析与实证检验相结合的研究方法。规范分析是借助信息经济学与博弈论等理论工具进行理论建模和数理推导，实证检验则是综合使用 Methematica，Matlab 等多种工具软件，运用微分方程迭代、事件研究法、非参数检验、Granger 因果检验等多种数理和计量方法，对证券柜台交易市场的信息显示和信息效率进行系统研究。主要方法如下。

（一）数理模型分析

为了深入研究证券柜台市场信息显示机制和影响因素，需要一整套理论模型描述交易环境和刻画交易者行为，以及解释信息显示的过程。本书通过对市场制度基础和交易者行为逻辑的分析，运用数理方法建立模型，并推导模型蕴涵的经济学意义。

（二）不完全竞争的博弈方法

博弈论是现代经济学的重要的研究方法。本书运用博弈论分析证券柜台市场的微观结构对信息显示和效率的影响，证券交易各方都从自己的效用函数和约束条件出发，选择最优策略以最大化收益，而最优策略的决定又必须考虑交易对手的策略权衡。本书引入多重博弈市场均衡的条件和过程。

(三）实证研究

利用成熟和新兴市场的最新交易数据检验不同微观结构下证券柜台市场的信息效率。本书采用了金融计量学和高频数据的分析方法，从 TAQ（Trades and Quotes）数据库采样 NYSE（New York Stock Exchange）和 NASDAQ 市场交易的 2965 只股票的高频交易样本，构建交易所和证券柜台交易对比样本组，检验多边证券柜台交易网络对信息效率的影响；采样中国银行间市场交易商协会发行并监管的 2875 只债券的 96703 条做市商报价交易数据，运用 Granger 因果检验和平稳性检验等方法检验集中的证券柜台市场的信息效率；运用事件研究法检验中国"中小企业股份转让系统"挂牌股票的盈余期间超额收益的信息含量，研究分散的证券柜台交易市场的信息效率。通过对不同微观结构证券柜台市场信息效率的对比检验交易制度对市场信息效率的影响。

第五节　本书的主要贡献

本书通过比较不同交易制度下证券柜台市场的信息显示和效率，关注特定的交易制度－市场微观结构对于信息显示机制和效率的影响，为证券柜台市场的制度构建寻求微观基础。本书可能的创新点包括以下五点。

第一，从信息经济学和制度经济学的交叉学科角度来分析证券柜台市场的信息效率。从制度经济学角度分析了证券柜台交易市场的产生、发展与功能定位，分析了证券柜台交易市场的特征与运行机制，提出制度创新对提升证券柜台市场信息效率的重要性；从信息经济学角度分析了证券柜台交易市场的微观结构和信息显示机制，以及证券柜台市场信息效率的影响因素。将两个学科统一到对证券柜台市场"信息显示"的研究上，以此探讨证券柜台市场信息机制的本质和特征，认为证券柜台市场信息机制的本质是解决不对称信息下的信息生产和信息显示问题，外在表现是制度的创新，内在价值是提升市场的信息效率，继而实现市场的资源配置功能。

第二，扩展 Fama（1970）的市场有效性的定义，提出以信息显示的充分度和速度衡量证券柜台市场的信息效率；引入交易者报价的价格方差来衡量信息显示的充分度，交易者后验信念的收敛速率衡量信息显示的速率。

第三，以 Madhavan（1992）同质偏好模型为基础，建立证券柜台做市商交易机制下的信息显示模型，衡量做市商机制下证券柜台市场信息显示的难度、做市商动态调整报价以显示市场最新信息。λ_i 表示信息完全显示所需的报价调整幅度，λ_i 越大，也即信息显示越难。做市商机制的实质是构建了一个证券柜台信息网络，而市场信息效率不仅受交易机制的约束，还受到投资者交易策略及信息分布的影响，因而证券柜台市场的信息效率是交易机制与其他因素结合的综合效应。

第四，以 Holden 和 Subramhanyam（1992）多时期序贯拍卖模型为基础，建立证券柜台市场单边 – 多边交易的信息显示模型，衡量和比较不同交易组织下证券柜台市场信息显示的充分度；模型显示多边交易网络的建立使得知情交易者增加，其交易策略更具竞争性，交易方后验信念的方差 Σ_n 更快地趋向于零，也即报价越快趋向资产真实价值，私人信息显示得越快越充分。这从理论上验证了多边证券柜台交易网络对信息效率的提升。

第五，扩展 Duffie、Malamud 和 Manso（2009）证券柜台市场的信息传递模型，建立证券柜台公开 – 非公开交易的信息显示模型，衡量和比较不同交易透明度下证券柜台市场信息显示的速率。模型假设信息显示过程服从泊松分布，且交易方的后验信念收敛至完全信息显示，当非公开和公开信息渠道共存时，交易方后验信念的收敛速率是公开信息和私人信息显示过程的强度之和；但如仅有公共信息渠道，收敛速率将降低，由此公开和非公开信息渠道共存时，信息显示速率比仅有公开信息渠道时更快。这个模型具有明确的经济含义，信息透明度的分层将影响信息效率，建立证券柜台非公开交易平台可提升信息效率。

第六，实证检验不同微观结构下证券柜台市场的信息效率，选取美国 TRF

（Trading Reporting Facilities）场外交易汇总代表多边证券柜台交易网络，其采用做市商交易机制，并设置多边交易组织和分层交易透明度（拥有非公开交易渠道）；中国的银行间债券市场代表集中证券柜台交易市场，其引入统一报价分散成交的做市商交易机制；新三板市场代表分散证券柜台交易市场，未改版前其尚未引入交易商制度。实证检验显示：多边证券柜台交易网络的信息效率不弱于交易所市场；集中证券柜台交易市场做市商报价对成交价的引导有一定作用，但不显著；分散证券柜台交易市场尚未达弱式有效；因而市场微观结构影响信息显示，由此影响市场的信息效率。

第二章

证券柜台交易市场的信息效率理论

金融市场具有信息显示的功能：市场的交易者，包括知情交易人、不知情交易人和市场中介传递信息和彼此相互学习，最后通过交易价格显示信息。20世纪30年代哈耶克就提出市场具有信息集聚功能，即市场可将分散在参与者之间的不同信息集聚起来。通过研究信息显示机制可以理解信息如何集聚（information aggregation）、价格如何形成，这是理解市场如何运作的关键。现有研究多关注集中交易市场的信息集聚功能，而证券柜台交易市场的市场组织和交易机制与交易所市场有很大不同。本章试图建立证券柜台交易市场信息效率的理论基础，主要研究内容包括：（1）证券柜台交易市场的信息不对称；（2）证券柜台交易市场的信息显示机制；（3）市场微观结构对证券柜台市场信息效率的影响。

第一节 证券柜台交易市场的信息不对称

证券柜台市场信息结构最大的特点是信息不对称。证券柜台交易市场属于分散市场，交易以一对一的询价居多，市场透明度低，电子报价虽然可显示交易和报价，但这种显示一般不是即时的。这和集中交易市场的信息机制完全不同：集中市场的指令都集中在同一个地方，交易是多边协商的结果，所有市场参与者都能参加交易。由此证券柜台市场的信息结构也和集中交易市场大相径庭。

一、证券柜台交易市场的信息不对称

证券柜台市场信息不对称表现为需引入做市商等交易中介来分担市场风险，而交易中介拥有其他成员所不具备的信息，处于信息优势地位。林煊（1997）认为证券柜台市场的信息不对称源于其市场本质，证券柜台交易市场和交易所市场的市场假设有两个深层次差别：交易者掌握信息的不同，以及市场关于风险的假设不同。证券柜台市场假设专家掌握信息，并将其反映在报价中，信息由此显示到市场交由投资者决策，交易过程促使报价向公平价格接近。因而证券柜台的制度设计保证了专家的信息优势，比如柜台市场的做市商和证券发行人密切联络以保证证券定价合理，以及柜台市场对信息披露的要求，对交易的订单流追踪的要求都低于交易所市场。另外证券柜台市场具有信用和风险承担的功能，比如证券商作为做市商，负责对上市证券进行评价，并被要求作为主交易方进行交易，以自有资金承担风险，其实质提供了风险承担和信用担保的功能。因而证券柜台市场的信息不对称源于其市场本质，证券柜台市场承担更高的金融风险，交易产品也是非标准化的，信息结构具有天然的层级。

二、证券柜台市场的做市商和信息显示过程

证券柜台交易市场一般引入做市商作为交易中介以提高市场的流动性和分担市场风险。做市商为证券流通提供了即时交易的服务，其以获得买卖价差（Bid - ask spread）作为回报，此买卖价差一般被看作证券柜台市场的交易成本。崔志娟（2007）从证券供求均衡的视角论证了证券柜台市场引入做市商的必要性；市场为提高供求均衡度，引进能提供即时交易服务的独立市场参与者，其通过设定买卖报价、提供即时服务以出清交易指令，借以保证交易即时性和价格连续性，此即交易中介——

做市商存在的意义。

Bagehot（1971）提出信息不对称可看作资产价格形成过程中的摩擦，由此市场存在信息成本；而信息成本是做市商最重要的成本，其他如订单处理成本（Roll，1984）、存货效应（Ho和Stoll，1983）不是本书关注的焦点。信息不对称导致证券柜台市场存在私人信息，由此可区分知情交易人和未知情交易人。知情交易人拥有风险资产的私人信息，可根据私人信息交易；而未知情交易人不知道内部信息，只能从交易信息判断未来趋势制定交易策略。

因为做市商有按买卖报价进行交易的义务，其与知情交易者的交易有可能受到损失，由此做市商需要设法降低其与知情交易者的信息不对称。而由于交易本身就能显示信息，交易的过程即是信息显示的过程：做市商通过交易过程的信号显示会不断修正其买卖报价，使其对资产的预期价值接近于资产的真实价值，由此降低信息不对称，此时交易过程可看作信息的"信号"（signal），这一概念由Glosten和Milgrom（1985）与Easley和O'Hara（1987）提出。Glosten和Milgrom（1985）还研究了指令流如何作为信息显示的媒介，并引入两个影响信息显示的核心信号：知情交易者的交易概率和未知情交易者买入和卖出的概率。做市商通过建立概率树模型，从不同类型交易者（知情交易者和未知情交易者）获知信息后行动的概率角度展开博弈分析，并根据每一次交易信息调整预期，制定新的交易价格。新的交易价格将反映做市商的新预期，此即证券柜台市场的私人信息通过交易中介显示的过程。

三、证券柜台交易的私人信息显示的意义

证券柜台市场私人信息的存在对信息显示意义重大。私人信息是买卖价差的来源，因为知情交易者具有信息优势，总是获利者，做市商由此只能与未知情交易者交易，以获利来冲销与知情交易者交易的损失，而其盈利便是来源于买卖价差。在交易博弈中，市场参与者将努力辨别其交易对手，订单流将作为重要的交易信号。订单流给出了关于交易价值的方向信号，并且资产的价格（即买价或者卖出价）也跟随订单流而变化，这种订单效应是制定交易策略的重要考虑因素。由于订单流反

映平均结果，随着时间的推移，私人信息将逐步在市场披露，资产的真实价值也逐渐显现。因而证券柜台交易过程是私人信息的不断显示，也是信息不对称不断消减的过程。

Glosten 和 Milgrom（1985）证明和知情交易商交易可令做市商获得其私人信息，博弈均衡的结果是私人信息逐渐融入做市商报价，最终资产价格收敛于其预期价值。这时证券柜台市场的信息显示也是做市商的学习过程，学习之所以重要是其建立了信息显示和资产定价的联系。O'Hara（2006）提出市场有能力获取信息意味着价格路径（price path）不再是独立于资产真实价值的私人信息，定价和资产内在价值建立联系意味着将信息显示引入了价格决定过程，这种证券定价机制也是有效市场和理性预期文献的基础。

第二节　证券柜台交易市场的信息机制

在具有未知参数 θ 的市场中，经济人拥有关于 θ 的私人信息，如果联合的信息显示了 θ，则市场实现完全信息显示（强有效）。完全的信息显示只有在理性预期的框架下才得以实现，因而描述理性预期均衡如何达成可反映私人信息的显示过程，也为信息效率研究建立了一般均衡模型。

一、证券柜台交易市场的信息结构

根据资产定价理论，信息的到来会改变投资者对资产的预期，可将信息显示刻画成影响投资者资产未来收益预期的过程，由此可从理论上研究信息是通过何种机制影响证券价格的形成。我们首先定义证券柜台交易的信息结构。假设经济人知道

概率分布（即先验分布），考察自然状态空间 (Ω, F) 以及概率空间 (Ω, F, P)，通过可测函数 $\Phi: \Omega \to S$ 经济人可得到信息状态 Ω；其中 S 是信号空间。在此情形下相应的划分由 $\Phi^{-1}(s), s \in S$ 给出；当经济人接收到信号及知道自然状态的位置，这种表达对应了无噪声的信息结构。但经济人收到的信号通常有噪声，于是对每个 Ω 中的自然状态都有信号空间 S 上的非退化分布：通常对每个 θ 都有一个条件密度 $h(s|\theta)$ 定义经济人收到的信号似然函数，由此信息结构由信号空间 (Ω, F) 和似然函数 $(S, h(s|\theta))$ 决定，并且该似然函数定义了取值于 S 中的随机信号 s，并且随机变量 s 有一个依赖于 θ 的概率分布。

假设经济人信念先验分布的密度为 $f(\theta)$，似然密度函数为 $h(s|\theta)$，可将信息完全显示描述为先验密度 $f(\theta)$ 收敛到后验密度 $f(s|\theta)$ 的过程：经济人收到信号 s，将根据贝叶斯法则更新其关于 θ 的分布，形成了在 s 信号条件下的信念的后验分布 $f(s|\theta)$；可将 $f(s|\theta)$ 写为给定观测条件 s 下的条件密度：

$$f(s|\theta) = \frac{h(s|\theta)f(\theta)}{\int h(s|\theta)f(\theta)d\theta}$$

二、不对称信息下的信息显示

证券柜台市场的信息显示的实质是不对称信息市场下私人信息的显示，也是后验信念分布 $f(s|\theta)$ 逐渐更新的过程。Glosten 和 Milgrom（1985）构建了信号显示模型，提供了一个描述价格对信息显示问题的框架，由模型分析做市商和不知情交易者的学习，从而在一个连续交易的基础上描述价格问题，不会忽略交易和信息之间的动态关系。他们首次把贝叶斯学习过程引入信息模型，指出指令流是信息显示的媒介，做市商通过分析指令流获得信息，并根据不同类型交易者的信号修正其对资产价值期望值，从而修正其买卖报价。不对称信息市场的信息显示机制描述如下。

假设市场存在知情和未知情交易者，做市商和所有市场参与者均为风险中性且参与竞争，做市商确定买卖差价。假设做市商每期赚取零利润，过去公众信息情况下，所有交易都在做市商的买卖价位成交，无佣金税收等内生交易成本，也无存货等显性成本。Glosten 和 Milgrom（1985）构建了交易概率结构，如图 2-1 所示。

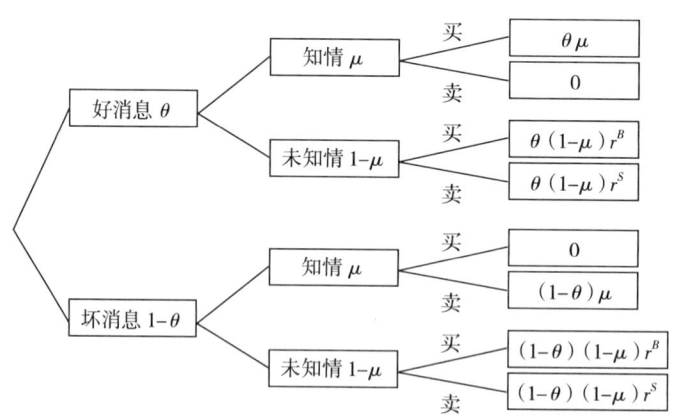

图 2-1 Glosten–Milgrom 模型的交易者学习

从不同类型交易者（知情交易者和未知情交易者）获知信息后行动的概率角度展开博弈分析：做市商可从交易指令流显示的信息修正其后验概率，买入指令流说明报价低估，做市商将向上修正预期；卖出指令流说明报价高估，做市商向下修正预期。市场的私人信息在交易中逐渐显示，在此过程做市商的报价最终收敛于完全信息水平，基本消除了做市商的信息不对称成本。信息不对称情形下私人信息显示的两个机制如下。

（1）交易的信号显示。交易本身即是市场的"信号"，做市商的报价是根据上一个指令形成的，是资产价值在公开信息下的后验条件均值，具体信号有二：第一是信息交易的比率 μ。知情交易者拥有公共和私人信息，其基于信息参与交易的概率为 μ；知情交易者将在做市商的报价低估时买入股票（概率为1），在做市商报价高估时卖出股票（概率为1）；做市商可根据交易比率的波动 μ 确定买卖报价的高估和低估情况，由此调整买卖报价。第二是未知情交易者买入概率 r^B 和卖出的概率 r^S。未知情交易者没有私人信息，其基于流动性参与交易的概率为 $1-\mu$，买入概率为 r^B，卖出概率为 r^S，如果做市商买入报价高于未知情交易者的预期资产价值，未知情交易者将提高卖出概率；反之，如果做市商卖出报价高于未知情交易者的预期资产价值，其将提高买入概率，做市商可根据买入概率 r^B 和卖出概率 r^S 的波动调整买卖报价。

（2）交易的信息集聚。Glosten 和 Milgrom（1985）证明交易价格将形成一个鞅过程[①]。若 I_t 为做市商在时期 t 的信息集，存在 $E[P_{t+1}/I_t]=P_t$，则基于做市商的信息，价格服从鞅过程。这一特点显示了价格行为和信息效率之间的联系，鞅的特性表明价格可反映所有信息，因而市场半有效；但做市商获知的信息不同，价格调整路径差别也很大，有一些路径较之其他路径可能更接近真实价值，虽然每一个路径都服从鞅过程，但市场在一个动态环境中到底能显示什么信息尚未明确，这说明市场有效性这一概念有一定局限性。Blak（1989）首次提出这一问题，Easley 和 O'Hara（1992）从微观结构角度加以考察，提出微观结构可能影响市场显示信息的能力，而市场是否能完全显示信息需要一定条件。

三、信息完全显示的条件

在贝叶斯框架下，经济人拥有关于市场价格的先验概念分布，然后在每一期更新；如果先验信念和经济人的行为所产生价格的客观分布不一致，那么存在关于理性预期均衡的学习。当学习过程收敛于信息的完全显示均衡，市场即是信息完全显示的有效市场。实现信息完全显示要满足以下两个先决条件。

（一）理性预期均衡

理性预期均衡（rational-expectations equilibrium，REE）是指当交易者知道市场运作的准确模型时，其具有理性预期，并能从市场价格和其他公共统计量中对不确定性和相关市场参数作准确推导。即当经济人拥有私人信息，也知晓均衡价格和其他经济人的信息之间关系的准确模型时，经济人可根据模型推断修正其先验信念。一个理性预期均衡就是一个映射的不动点，这个映射是从先验信念映射到正确的信念（资产真实价值），映射的过程由经济人的行为来调整（即贝叶斯学习）。而所谓理性预期，则是指先验信念修正到反映资产真实价值的后验信念（即正确的信念）。

证券柜台市场作为分散的场外市场，其市场机制不同于集中交易的市场，其竞价机制本身可以加总信息。在证券柜台市场交易者需要在类似价格这样的统计量的

[①] 鞅过程是指根据目前所得信息对未来某个资产价格的最好预期就是资产的当前价格。

基础上选择交易策略，而理性预期均衡考虑了价格加总信息的作用，价格起到了信号显示和信息集聚的双重作用，即价格可使得市场出清并加总信息。

令 P 是定义在证券的未来价格上的随机变量值函数。假定对于某市场的理性预期均衡价格 P 存在，对于一个信息集 $F \subset F^p$ 来说，市场 ε 对于 F^p 可称为有效市场：对于任何 $i=1, 2, \cdots, I$，$F^i \subset F^i \cap F^p$，市场均衡显示公共信息集，即价格包含了所有的公共信息，市场价格就是半强有效的，即 $\bigcap_{i=1}^{I} F^i$；而定义私人信息集全体为 $\bigcup_{i=1}^{I} F^i$。

当价格是分散在市场中的私人信息的充分统计量，就说价格是强信息有效的，即信息完全显示的理性预期均衡。即 $\forall i=1, 2, \cdots$，存在

$$\bigcup_{i=1}^{I} F^i \subset F^i \cap F^p$$

（二）贝叶斯学习

前文分析了在信息不对称环境中信息显示的重要性，而贝叶斯学习模型是刻画价格如何动态调整以完全显示信息。证券交易中交易者都会设法最大化收益：知情交易者会尽量利用信息优势使其收益最大化；未知情交易者虽然不能观察到关于资产价值的私有信号，但可从市场的指令流、成交价格和成交量等序列学习到一些信息，并利用这些信息制定其最优交易策略。由此交易各方都可从交易中获取信息，通过贝叶斯理性更新其对证券的先验信念，形成后验信念，进而改变市场参与者的策略。贝叶斯学习描述了市场参与者对资产真实价值认识的调整过程，其假定为：$A_1, A_1, \cdots, A_n$ 是样本空间 Ω 的一个完备事件组，概率 $P(A_i) > 0$，$i=1, 2, \cdots, n$，对于任何一个事件 B，如果 $P(B) > 0$，则

$$P(A_i|B) = P(A_i|B) = \frac{P(A_m) \cdot P(B|A_m)_i}{\sum_{i=1}^{n}(A_m) \cdot P(B|A_m)_i}, \quad m=1, 2, \cdots, n$$

$P(A_i)$ 即先验概率，事件 B 的出现使得交易者调整先验概率得到后验概率 $P(B|A_m)_i$。

信息完全显示即所有理性个体能理解市场条件，并利用贝叶斯法则进行学习，此过程特质为：第一，后验概率总收敛到真实值。这意味着价格最终达到完全信息显示，从金融学的角度即意味着市场可以把信息完全反映到价格中，此时的信息显

示可称为信息聚集；第二，独立同分布的条件下，贝叶斯后验概率按指数收敛。这意味着可以在不同市场条件下分析和比较价格调整的速度，即信息显示的速率。

四、证券柜台交易市场的信息效率

有效市场理论认为证券价格总是可以充分反映可获得信息的变化，但证券价格对信息的反映不是即时、准确的。从信息结构视角，市场有效意味着私人信息的完全显示，但经验证明证券柜台市场很难实现完全信息显示。比如 Hagerman（1975）基于年度盈余公告的信息含量研究证明证券柜台市场只是相对半强式有效，并且市场价格的信息显示也不是即时的，存在一个反映过程。Calcagno 和 Lovo（2006）发现知情交易者和与未知情交易者存在博弈竞争，交易的早期阶段私人信息完全揭示的可能性很小，直至市场均衡的一瞬间才会表现出强式有效。

Laffont 和 Maskin（1990）建立多重博弈模型，证明风险中性的市场存在多重均衡，市场同时具有信息完全显示和完全不显示的条件，因而信息完全显示的分离均衡和完全不显示的混同均衡同时存在。市场的信息显示过程和交易者的先验信念，风险厌恶程度和证券收益的波动大小有关。Golosoov，Lorenzoni 和 Tsyvinsiki（2014）进一步解释证券柜台交易市场存在多重均衡：当经济人基于贝叶斯学习时，其可充分有效地使用信息更新信念，由此产生的预期是基于一个自洽且正确的经济模型，信息将随着时间推移而实现完全显示；而当初始信念不对应理性预期均衡相联系的信念时，经济人则可能不使用贝叶斯方式学习，此时对价格路径的预期不一定可收敛到理性预期均衡，即信息不能完全显示，非知情交易者的学习价值为零。而在双边交易环境下，知情交易者利用信息优势交易获利，其信息显示的速度是内生的；Golosoov，Lorenzoni 和 Tsyvinsiki（2014）证明长期信息完全显示的条件是：交易成本足够低，非知情交易者和知情交易者相互交易的边际替代率不为零，此时市场可实现完全信息显示，资源配置达到帕累托有效。

如上所述，证券柜台市场并不能实现有效市场假说所述的理性预期均衡，即通过贝叶斯学习使证券价格即时、准确地显示所有信息的变化，但这不意味着有效市场假说不适用于证券柜台交易市场。有效市场描述的是一种理想状态，但证券价格的形成不仅取决于指令的提交方式，还取决于市场参与者怎样对信息进行学习，而学习过程就取决于市场微观结构，因此各种各样的市场摩擦和非对称信息都会影响市场的信息显示过程。虽然证券柜台市场不一定实现信息完全显示，即无法达到有效市场理论所描绘的有效状态，但可从微观结构视角更深入地考察证券价格对信息显示的充分度和速度，以此刻画和比较证券柜台市场的信息效率。由此分析证券柜台市场的信息效率必须考察其市场微观结构，涉及的问题包括：第一，信息显示的充分度，是否完全显示？或是部分显示？第二，信息显示多及时？Gloston和Milgrom（1985）用连续交易的方法证明价格收敛于完全信息显示，但它只是以极限的方式收敛，没有给出价格收敛回路所需时间的长短，而理解信息以多快的速度反映到证券价格中是理解信息效率的重要一环，更实际的意义在于它能揭示出市场设计如何作用于信息效率的发挥，这涉及交易如何组织等市场微观结构的设计问题。本书将在第四章深入讨论这些问题。

第三节 市场微观结构对证券柜台市场信息效率的影响

上文描述了证券柜台交易的信息显示机制，但是证券柜台市场不一定完全显示信息，因而信息效率存在差别，这种差别来源于交易规则的差异。交易规则会影响市场的微观结构，继而影响学习速度，最终影响信息效率，由此市场的微观结构是决定价格的信息有效性的关键因素（Vivies，2008）。吴忠群（2012）总结了影响信息效率的微观因素，包括交易机制、交易者结构、信息形态、产品结构和学习模式。本书从交易机制、交易组织和交易透明度等方面总结其对信息效率的影响。

（一）交易机制对证券市场信息效率的影响

交易机制指用于集中交易指令以形成交易价格的一系列交易规则的总和，包括指令显示、指令执行和数据传送三方面。交易机制主要影响指令提交和执行的方式。周爱民、吴蕾（2009）指出不同交易机制下，信息反映到价格中的方式、速度、成本都不尽相同，这直接导致信息效率的差别。根据价格形成方式不同，可将交易机制划分为竞价和做市商报价机制，竞价交易机制下价格由买卖双方决定，而报价交易机制下价格由做市商决定，两种交易机制下的信息显示也各不相同。Theissen（2000）指出做市商市场的交易成本较高，但价格的信息质量也很高；而集合竞价尽管交易成本很低，却对于新信息反应不足。不同交易机制有其适用条件，其信息效率受到各方面因素制约。Viswanathan和J.Wang（2002）指出当交易规模较小时，竞价机制有利于投资者；当交易规模较大时，做市商制度有利于投资者，由此可见交易机制不能单独决定信息效率，不可单独而论竞价机制下的信息效率高，或者报价机制下的信息效率高。Reny和Perry（2006）进一步通过对双向拍卖制度的效率考察指出，应该把外在条件和交易机制结合起来考量交易环境能否有效汇总信息，这些影响市场信息效率的外在条件包括交易者数量、理性与否、知情与否、交易策略等。这也为研究市场微观结构如何影响信息效率奠定了基础。

（二）交易组织对证券市场信息效率的影响

交易组织是交易者构成和联结方式，包括交易者结构和市场结构。交易者的类型，其数量关系及分布特征都对信息显示具有实质性影响。前者可总结为交易者的异质性对信息显示的影响，后者则为市场结构对信息显示的影响。从交易者异质性的角度看，Shy和Stenback（2003）提出交易者结构的差别将导致其风险和预期的均衡关系显著不同，由此影响交易者各自的目标函数，继而影响市场均衡价格所汇总的信息含量（Daher和Mirman，2007）；吴忠群、张群群（2012）认为交易者的禀赋差别（知情和不知情）和决策模式的差别也对信息效率产生影响。从市场结构的角度看：Miramn（2002）发现当交易者具有垄断地位时，其交易仅会使价格增加，但是当垄断交易者面临竞争对手时，其交易策略将由价格转为产量，结果市场的信息效率得到改善，由此市场结构的变化（这里表现为从完全垄断到寡头竞争）会导致交易者竞争策略的改变，市场信息效率也随之改变。Duffie，Garleanu 和 Pedersn（2005）的研究显示 OTC 市场的信息效率与交易者的搜寻能力有关，即其是否可接触其他交易对手，或者其他做市商市场的可得性相关，这间接说明市场组织和结构对于信息效率有直接影响。

（三）交易透明度对证券市场信息效率的影响

交易透明度是指有关交易者的报价，数量和身份等信息是否公开，交易透明度可能影响信息的初始分布、传播途径和传播速度，进而影响信息效率。交易透明度决定了信息传播渠道的差异，这也直接影响信息聚集的方式。Hsbrouck（2001）认为信息效率不仅和订单如何下达、交易者如何组织有关，还和交易进程中的共同信念如何形成有关（即信息集聚的方式有关）；Coval 和 Shumway（2005）发现不考虑信息的传播方式，无法解释价格长期偏离基本面的事实，这更验证了信息传播途径对信息效率的影响。林俊波（2005）指出交易者的交易动机不同，其对透明度的偏好也不同：以私人信息信号为基础的交易者通常偏好不透明交易，而非信息驱动的交易者通常偏好更高透明度。Vives（1995）进一步分析了透明信息渠道（公共信息渠道）和不透明信息渠道（私人信息渠道）对信息效率的影响，认为公共信息导致交易者的信念分散和波动，价格的调整速度慢，造成公告后盈余缓慢消退的惯性特征（post earnings announcement drift），而私人信息不会造成信息交易者的信念分散，价格调整迅速，不会出现公告后盈余惯性（Vega，2006）。因此，交易透明度的设置直接影响信息显示和效率。

上述研究表明，市场信息效率是市场整体条件的综合反映，笼统地说市场能否显示信息不可取，必须对影响信息效率的各种条件做出综合考虑，这些条件至少包括交易机制的选择、交易者组织和交易透明度的设置。不同交易规则下的市场信息效率各异。

第四节 证券柜台交易市场信息效率的理论框架

通过对信息不对称理论、信息显示理论和市场微观结构理论的依次分析，可以看出上述三个理论构成了完整的证券柜台交易信息显示的理论基础。

第一，信息不对称理论、信息显示理论和市场微观结构三个理论形成完整的证券柜台交易市场信息显示的链条。

证券柜台交易市场因承担更高的金融风险，信息结构具有天然的层级，私人信息的存在令证券柜台市场存在信息知情者和不知情者之间的信息不对称。信息知情者和不知情者的交易降低了证券柜台市场的信息不对称，因为交易本身就能显示信息：信息知情者会通过相应方式将所获信息释放到市场上，如投资者将私人信息通过提交订单反映到订单上，做市商将私人信息通过报价反映到股票价格上，竞争性做市商会集合其他做市商报价信息和订单信息不断修订其报价偏差，直到其报价接近于股票的真实价值，这是证券柜台市场私人信息显示的过程。

如何衡量证券柜台市场的信息效率？怎样的条件下证券柜台市场可完全显示信息？这些疑问都可用信息显示理论解释。证券柜台市场的私人信息显示使得未知情交易者从交易信号中学习，并利用这些信号更新其先验信息，此即交易的信息显示过程。信息能否完全显示取决于交易规则的细节或者市场微观结构，包括交易机制的选择、交易组织和交易透明度的设置等；理性预期下通过贝叶斯学习才可实现完全信息显示。由此三个理论在证券柜台交易的信息显示中产生叠加效应，又有具体表现。

第二，证券柜台交易市场可逐渐显示私人信息，但仅在理性预期条件下的信息才能完全显示。

很多金融资产，包括公司债、市政债、抵押担保证券以及衍生品均在证券柜台市场交易，交易价格均不公开发布，交易者通过询价或者做市商报价交换信息。证券柜台交易市场的信息结构特点是信息不对称。双边交易环境下，知情交易者利用信息优势进行交易，非知情交易者在交易中修正其对证券的先验信念，形成后验信念，这是信息显示的过程。Golosoov，Lorenzoni 和 Tsyvinsiki（2014）证明信息显示的速度是内生的，且市场不一定完全信息显示。仅在理性预期下所有个体能理解市场条件，并利用贝叶斯法则进行学习，市场才可收敛到完全信息均衡。虽然证券柜台市场不一定实现信息完全显示，即无法达到有效市场理论所描绘的有效状态，但可以从信息显示的充分度和速度方面度量和比较市场的信息效率。证券柜台市场信息效率的影响机制如图2-2所示。

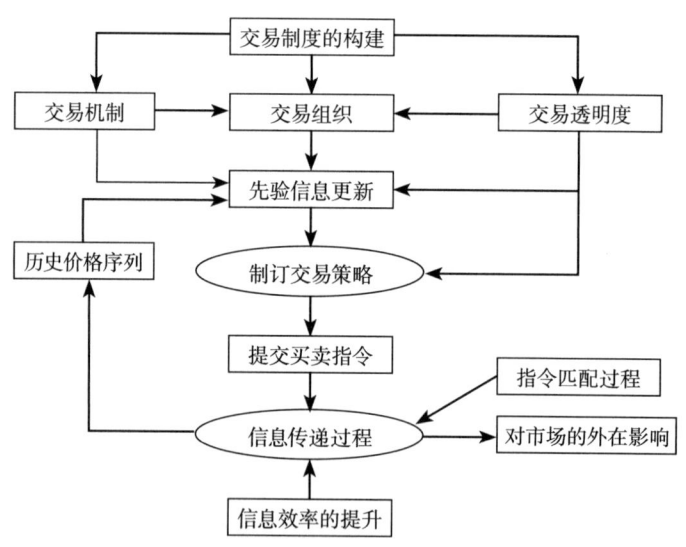

图2-2 证券柜台交易市场的信息显示机制

第三，市场微观结构影响证券柜台市场的信息效率，主要影响机制包括交易机制、交易组织和交易透明度。

（1）交易机制的选择

交易机制决定了交易指令提交的时间、地点和方式，这将影响交易者决策变量的选择，是决定信息效率的核心变量。证券柜台市场一般设置做市商交易机制，首先做市商机制可为市场提供流动性,而流动性的提升可加快信息显示;另外做市商可通过报价的连续调整,为市场提供更好的价格信息,不断地将价格推向真实水平,从而提高信息效率(冯用富,2001)。而询价交易机制下的信息显示相对较慢,因为市场不透明,买卖双方寻找交易对手都比较困难,且询价机制不能保证交易的即时性,达成一笔交易可能要等待相当长的时间,这样都将影响信息的有效显示。

(2)交易组织的选择

交易组织决定了指令在交易者之间的分配,在不完全竞争的证券市场中,交易行为是策略博弈,而交易组织决定了交易者如何选择博弈策略,继而影响信息效率。证券柜台市场交易分散,且以双边议价为主。Gofman(2011)总结这种交易组织具有"去中心化"的特点,Gale Kariv(2007)则建议联结单个的证券柜台市场形成互联的交易网络,并且证明这种交易网络在不进行议价的交易提案下可形成有效的均衡分配。虽然这样完整对称的信息环境只是理想情形,实证研究也证明以 ECN(电子交易网络)为代表的基于证券柜台的交易体系的信息效率与其网络交易关系的数量呈正相关关系(Gofman,2011),即网络的交易关系越多,信息效率越高。由此可见,多边交易组织可提升证券柜台交易的信息效率。

(3)交易透明度的选择

交易透明度影响信息分布,从而影响信息显示的速度。研究表明,仅有公共信息渠道(完全交易透明)可能影响信息效率:Vives(1993)提出当交易人依据公众信号(价格)而不是私人信息制定交易行为,信息集聚将减缓,市场信号噪声增大;而 Bikhchandani、Hirshleifer 和 Welch(1992),Banerjee(1992)的研究也表明交易人可能以公共信息进行决策而忽略私人信号,这将引起"信息瀑布"(information cataract)进而阻碍学习进程。由此选择私人交易渠道较之公共信息渠道,其信息效率高。

第三章

证券柜台交易市场
提高信息效率的国际实践

证券柜台交易市场是非标准化金融产品的交易平台,其不仅是多层次资本市场的基石,也是金融创新功能实现的平台。本章分析海外成熟证券柜台市场提高信息效率的实践,包括构建做市商的交易机制,构建多边交易平台和非公开交易平台。制度经济学认为制度演变是经济体为解决内在需求而内生的结果,对证券柜台市场而言,这些实践可以看作市场为解决市场信息不对称而内生的制度变迁。其实质是通过交易制度创新提升市场的信息效率,继而推动证券柜台市场资源配置功能的实现。

第一节 证券柜台交易市场构建的必要性和驱动因素

20世纪70年代以来证券柜台交易市场进入大发展阶段,背景是全球经济增长率下降、经济转型的压力推动金融市场化改革,各国都经历了利率市场化以及以直接融资为主体的资本市场的大变革。随着实体经济对金融市场的投融资需求的变化,证券场外市场也进入了高速发展期。这一时期全球资本市场的发展背景与我国经济新常态下的资本市场有类似之处,值得进行借鉴研究。纵观证券交易市场的发展历史,证券柜台市场的发展可看作是经济体为解决内在需求而内生的制度演变,其发展驱动力如图3-1所示。

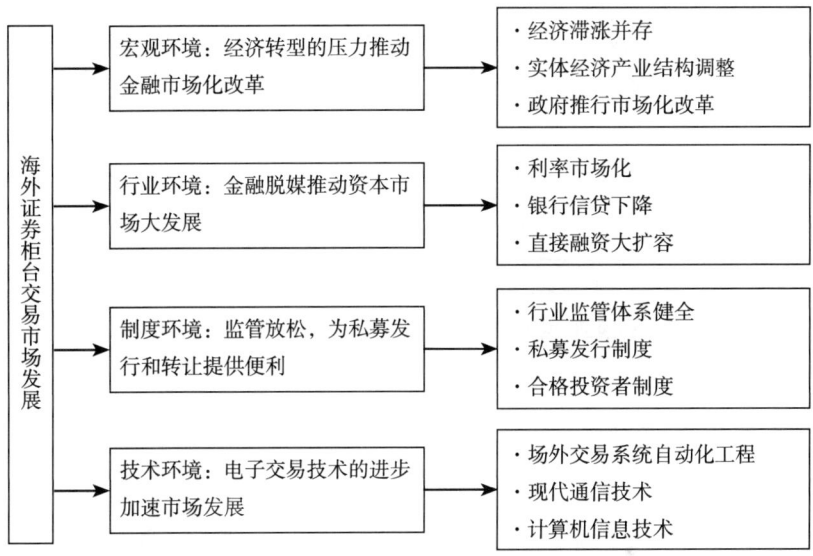

图 3-1 海外证券柜台交易市场发展的驱动因素

一、宏观环境:经济转型的压力推动金融市场化改革

20世纪70年代,全球经济陷入了以滞涨为主要特点的结构性危机。因二战、越战等获取的战争红利已透支完毕,而实体经济缺乏增长点,加上国际石油危机,扩张性财政政策与转型期货币政策全部失效,全球经济陷入长达10年的高通胀、高失业、低增长的滞涨期(图3-2)。主要表现有:

第一,随着劳动力成本的上升以及技术应用的扩散,以钢铁、汽车等为代表的传统制造业逐渐没落,亟需新的经济新增长点,社会生产力面临大调整;

第二,凯恩斯主义刺激政策的负面效应开始显现,菲利普斯曲线偏离原点向高失业高通胀的区域,经济陷入高通货膨胀、高失业和低经济增长并存的滞涨;

第三,美元持续贬值、油价高涨和粮食紧缺加剧了高通胀(图3-3);

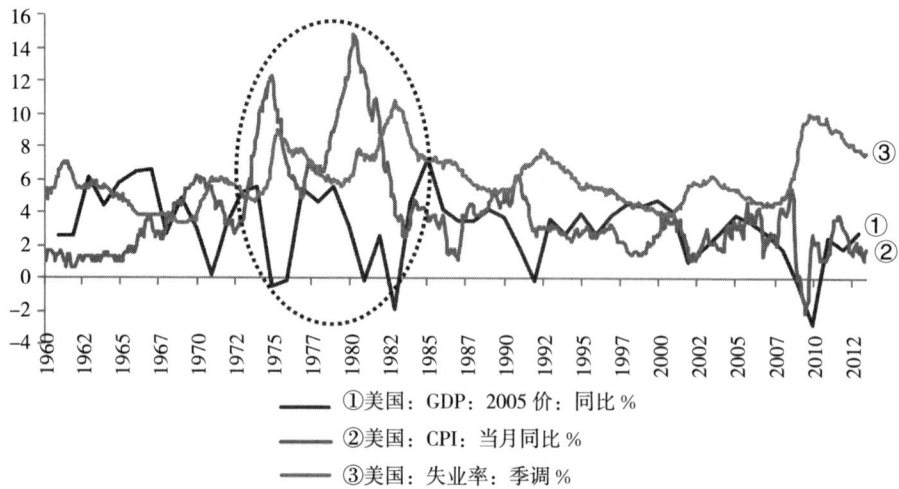

图 3-2　美国 20 世纪 70 年代陷入高通胀、高失业、低增长的滞涨期

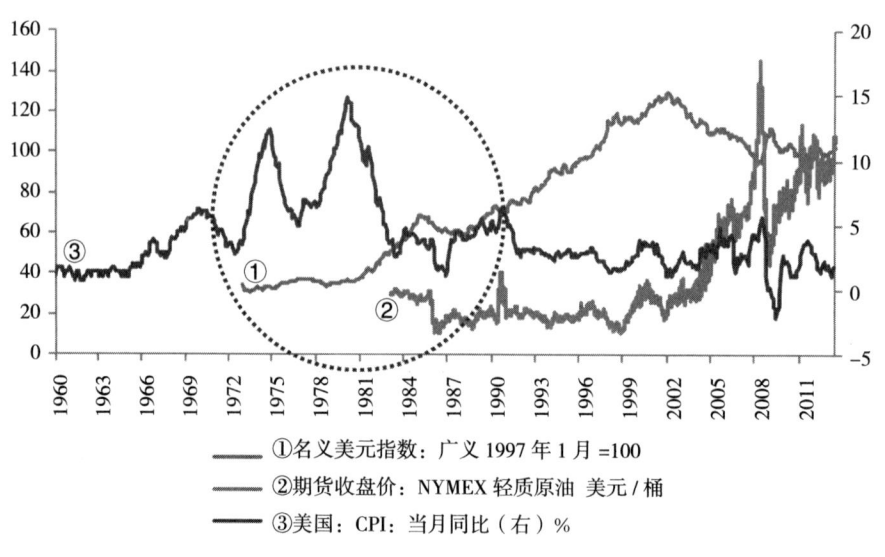

图 3-3　20 世纪 70 年代美元贬值，油价高涨，推高美国通胀

第四，自大萧条以后，政府管制越来越多、越来越严，导致企业缺乏活力，国际竞争力明显下降。

为改变滞涨，各国政府都意识到需要"以供应创造需求"，于是减少政府干预、主张自由主义的市场化改革开始推行,在金融领域的体现便是利率市场化以及以直接融资为主体的资本市场的大变革。以美国为例,由于长期严格的金融管制,加上经常账户和资本账户巨额的长期赤字,以美元为中心的国际货币体系和美国经济大国地位受到动摇,这迫使美当局从对金融的严格管控转向金融自由化。这些金融自由化政策推动了美国资本市场的发展,尤其是美国监管当局放松对有价证券发行人的审查程度,为场外资本市场的发展奠定了基础。

二、行业环境:金融脱媒推动资本市场的直接融资大发展

金融脱媒是指资金绕过银行等传统金融媒介,直接在交易双方之间调剂并产生资产/负债关系等现象。金融脱媒是经济发展一定成本的产物,也是利率市场化的结果。从世界经济角度观察,经济转型期长期资本提高意味着风险扩大,需要新的定价手段,这推动利率市场化并出现了金融脱媒。金融脱媒意味着金融成本多样化,风险定价的分化,直观的表现是银行间接融资的下滑和资本市场直接融资的提升。

以美国为例,美国 20 世纪 70 年代以来商业银行信贷不断衰退(图 3-4),其

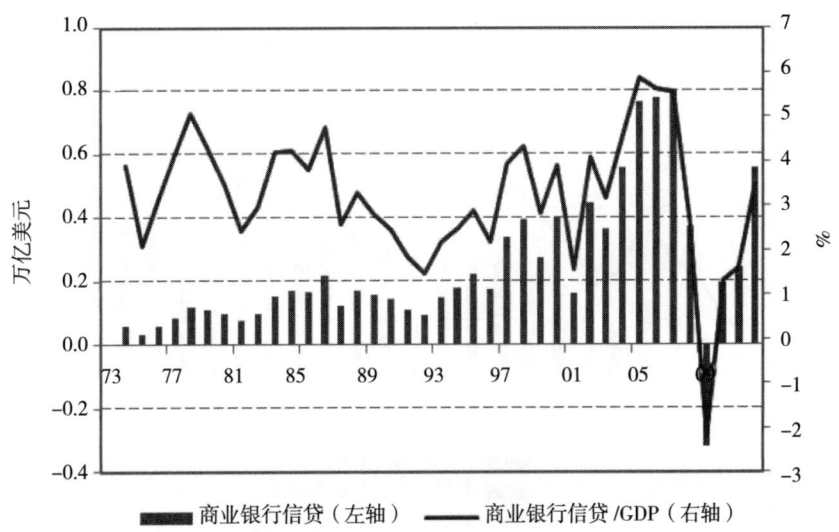

图 3-4 20 世纪 70 年代美国商业银行信贷不断下滑

资料来源:FDS(联邦多元化服务机构)

内在机理有二：其一是替代效应。利率市场化推高间接金融机构利率预期，提升企业的融资成本，冲击银行信贷为主的间接融资市场，而股票和债券市场作为银行信贷的替代品迎来发展机遇。其二是信贷配给效应。银行由于受存贷比、资本充足率等监管要求，在授信过程中更倾向选择发展成熟、资质优良的大中型企业，而对初创期、高成长、高风险的中小型企业审批严格，即信贷配给。这使得数量众多、总体规模庞大的中小企业选择直接融资市场，典型案例为美国硅谷高科技企业选择了NASDAQ市场融资和交易，进一步产生示范效应。

由此直接融资资本市场进入大发展阶段（图3-5），同时股权市场、衍生品市场的规模也高速增长。资本市场的投融资工具也日益丰富，资产证券化、高收益债、息票债券、过桥贷款等新型融资工具不断涌现。以养老金和共同基金为代表的机构投资者迅速崛起，其对金融交易提出了更专业的需求，期权、互换等衍生交易工具（合约）的需求日益增长。以上这些变化都驱动着证券柜台交易市场的高速成长，比如NASDAQ市场的交易额在20世纪70年代起步，到90年代初已增长至4000亿

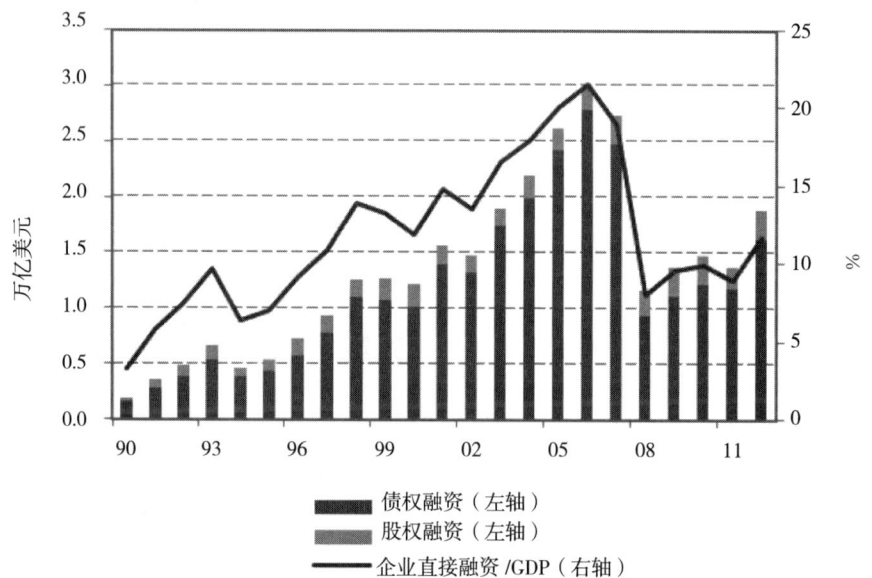

图3-5　20世纪90年代以来美国直接融资大扩容

资料来源：SIFMA（美国证券行业与金融市场联合会）

以上的交易额规模，堪称最有代表性、发展最成功的证券柜台市场。

三、制度环境：监管放松为证券场外发行和转让提供便利

相对于集中交易市场，各国监管层对于证券柜台交易的监管比较宽松，一般都依靠交易行业的自律监管。以美国为例，其采用多层次资本市场的监管体系（图3-6）。证券柜台市场主要采用自律监管模式，FINRA（美国金融业管理局）便是美国证券柜台市场的自律监管机构。作为证券柜台市场的直接监管者，FINRA制定场外交易与会员自律规则，负责对会员日常经营活动进行监管，对场外证券交易进行信息收集、发布与实时监控。

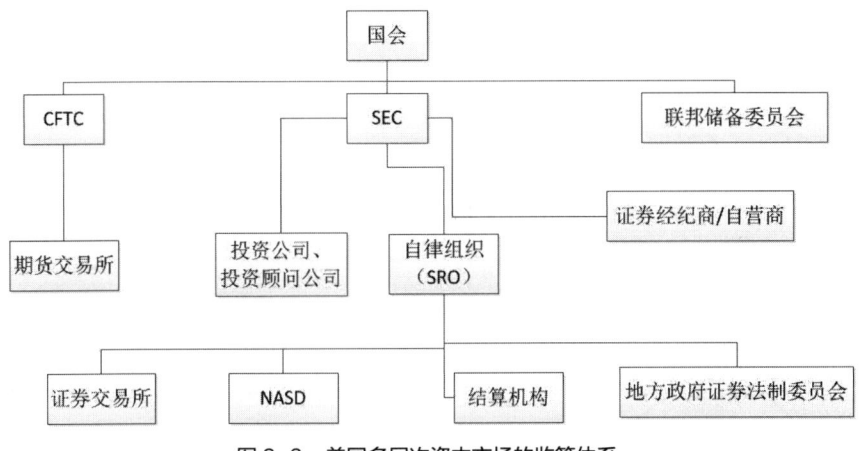

图3-6 美国多层次资本市场的监管体系

美国对证券柜台交易监管较为宽松，这体现在对信息披露的豁免上。美国证券发行和交易均须实质性披露，凡与投资价值和投资决策有关的所有实质性信息均必须披露。但对于非公开发行和交易的证券，其以豁免原则体现了灵活度。证券柜台交易主要的监管内容有：

（1）对发行人资格进行监管，存在重大违规行为的不允许进行私募发行。

（2）对投资者资格和人数的限定，判定是否符合法律的豁免条例而进行的发行。

（3）对信息披露区分公众公司和非公众公司。因为美国资本市场对信息披露的

要求主要是针对公众公司制定,并不特别区分交易市场,因而对非公众公司的非公开发行法律不要求强制性披露,对公众公司则应要求强制信息披露,但机构投资人的交易可豁免。

(4)对发行方式的监管,不允许发行采取公开的广告宣传和一般劝诱方式。

(5)对私募发行证券的转售进行限制,对私募证券的交易者是否有资格购买进行监管。

四、技术环境:网络电子化交易技术的加速金融产品创新和市场发展

由于技术限制,证券柜台交易市场从18世纪末出现之后,在长达100多年的时间里都处于分散和非正规管理的状态。随着网络技术、电子化交易技术的出现成熟,场外交易系统开始尝试相互连接,这改变了证券柜台市场的分割形态。1971年NASDAQ市场正式启动,将做市商的交易终端和数据中心连接进来,形成一个数据交换网络,通过自动报价系统使分布全美的6000个证券商有了直接联系。NASDAQ实质建立了一个集中化的证券柜台交易市场,一定程度上实现了场外市场的场内化(图3-7)。

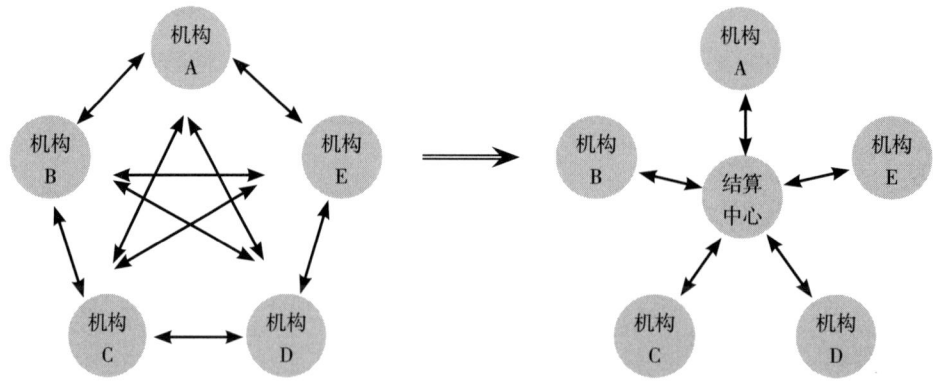

图3-7 场外市场交易对手示意图(场外市场 VS 场外市场场内化)

20世纪80年代以来,现代信息和通信技术飞速发展,并被大范围应用在金融领域,这驱动了证券柜台市场加速发展。同时金融中介机构的会计和信息处理能力也大幅提升,电子化技术在支付和交易处理中被广泛使用,大幅提升了各类型证券交易市场的交收效率,从而解决了类似结构化衍生品等较为的复杂金融产品的定价问题。同时,程序化交易技术使得复杂和大规模交易成为可能,机构投资人有可能通过交易一系列的金融资产获利并控制风险。新技术在金融领域的广泛运用,大幅提升了证券柜台市场上各类金融中介机构的证券交易、会计核算、批量信息处理、国际支付等多方面的效率,并且驱动着金融产品创新有了突飞猛进的发展。

小结:20世纪70年代以来在全球经济结构转型的大背景下,实体经济涌现出对以杠杆并购、风险投资等为代表的新型资本市场工具的需求,网络电子化交易技术的进步大幅提升了交易的便利性;而监管部门在法规层面的放松也推动了证券场外交易的发展,资本市场制度均衡被打破,新的市场层次——场外资本市场开始大发展,证券柜台交易市场是在这个历程中为满足机构投资人对证券交易新需求的制度创新,这是一个典型的自发演进的诱致性制度变迁的过程。

第二节 证券柜台交易市场的功能定位和运营机制

20世纪70年代以来,由于经济转型和金融市场化改革,全球金融体系的需求日益多样化和复杂化,比如由金融脱媒和利率市场化引致的结构性融资需求,机构投资人的壮大推动结构化和衍生品产品需求,对冲基金和数量化投资推动差异化交易和杠杆交易。资本市场的层次化发展加速:多层次的债券市场兴起,多层次的股权市场兴起,衍生品市场也开始发展,资本市场的深度和广度均有了长足进步。证券柜台交易市场正是在此背景下发展，满足市场不断创新的需求。

一、证券柜台交易市场的功能

20 世纪 70 年代以来，为满足金融市场的新需求，投资银行开发了许多新型卖方业务（表 3-1），其中相当多的业务，比如兼并收购、资产证券化、风险投资、项目融资、证券私募等需要证券柜台市场的产品（交易）创设和销售配合完成。证券柜台市场大多是各个投资银行自主利用其客户资源和专业创新能力，在其自有证券柜台上进行证券发行、转让、交易而形成的证券场外交易市场，因此相当程度而言证券柜台市场是投行产品和业务创新的平台。

表 3-1　证券柜台交易市场的业务创新

类别	新业务内容	新业务开展方式	新业务标的
证券私募发行	私募发售证券	向特定投资者直接发售各类证券	高等级债券、普通公司债券
资产管理	为共同基金、社保基金、保险公司等机构投资者以及个人投资者管理资产	管理资产	委托资产
兼并与收购	杠杆收购、公司结构重组和资本	提供有关条款咨询、制定并购计划、估价、融资等	目标公司
项目融资	项目评估、信用评级、融资方案设计、法律文件起草、证券定价、承销	融资安排	特定项目
金融咨询	个人理财、金融规划、设计最佳金融结构、大项目的可行性分析	电话、网络、面对面咨询	
资产证券化	把一定资产作为担保而进行的证券发行，将原来非流通性资产转为可以公开交易的流动性证券	抵押证券、资产担保证券发售	特定资产
风险投资	为创业基金筹集资金、管理创业基金	成立投资管理公司	创业基金

另外，投资银行还在证券柜台市场不断进行产品创新，极大增加了可证券化资产的广度（表3-2）。这个时期是金融产品创新的黄金时期，金融工程技术得以广泛应用，按金融学者约翰芬娜蒂（1988）的定义，金融工程是用创新性的金融工具和金融手段的设计、开发和实施，提供对金融问题的解决方案，这些衍生类金融产品是"金融"加"工程"的结合，很好地迎合了市场蓬勃兴起的非标准化和差异化的交易需求；由于交易和产品大多非公开和非标准化，大多在证券柜台市场完成交易。

表 3-2 证券柜台交易市场的产品创新

	价格风险转移	信用风险转移	增加流动性	信用创造	股权创造
零息债券				√	
垃圾债券				√	
资产证券化		√			
股权分享融资				√	
受托可转换债券					√
期货合约	√				
互换合约	√			√	
远期利率协议	√				
期权合约	√				
提升信用的证券保证		√	√		

证券柜台市场的产品体系中，固定收益产业链、衍生品产业链都成了证券公司新的利润增长点。以固定收益产业链为例，其收入构成有四：一是衍生产品设计、承销费，二是衍生品做市收益，三是对衍生品的投资收益，四是向对冲基金发放以CDO（担保债券凭证）资产为抵押的利息收益。从收入构成可以看出证券柜台业务

的收入来源是多元化的，证券柜台业务联结一级市场和二级市场，投行往往作为某种证券（产品）的做市商，发挥发行、咨询、承销、做市、投资等多种功能，其在此间的角色便是资本中介，通过协同效应既活跃市场，也满足客户的需求。由此投行收入结构开始多元化，传统经纪业务占比已由 20 世纪 70 年代的 45% 降至 20%；资本中介业务带来的收入占比逐渐增大，可以说伴随着证券柜台交易市场的发展和投资银行的业务转型，资本市场的金融深化也在加速。

二、证券柜台交易市场的定位

证券柜台交易市场是种类繁多的非标准化投资工具的交易平台，有效拓宽了金融机构的交易渠道和产品开发空间，促进了金融创新的深化。券商通过金融产品的创新和交易做市，逐渐由单纯的经纪商（Broker）逐步转型为销售交易的交易商（Dealer）。证券柜台交易尤其在债券和金融衍生品的交易中占据主导地位，证券柜台市场衍生品交易量占衍生品交易总量的 90% 以上。证券柜台交易市场在资本市场的定位有二：

第一，对金融市场而言，证券柜台市场是多层次资本市场的基石。证券柜台市场交易的产品，多为券商自己创设、开发、管理的金融产品，包括私募债权、私募股权和场外衍生产品交易等。而参与证券柜台交易的主要是机构投资人。证券柜台交易市场位于美国资本市场金字塔最底层，是数量最多、交易最分散、产品最个性化的场外市场（图 3-8）。

第二，对金融功能而言，证券柜台市场是金融创新实现的平台。证券柜台市场被认为是金融创新的温床（Duffiet, 2010; Stultz, 2009; Duffie 和 Hu, 2008），来自证券柜台市场的金融创新产品层出不穷，从抵押贷款过手证券、互换、可转债、结构金融到其他场外交易衍生工具。由于证券柜台市场早期的监管特征早期表现为自律管理和放松管制，这样的制度环境利于金融机构发挥专业优势，以产品创新应对市场摩擦，包括由道德风险和逆向选择引起的信息不对称问题（Myers 和 Majluf, 1984），不完全市场问题（Duffie 和 Rahi, 1985; Tufano, 2003; Van Horne, 1985），监管

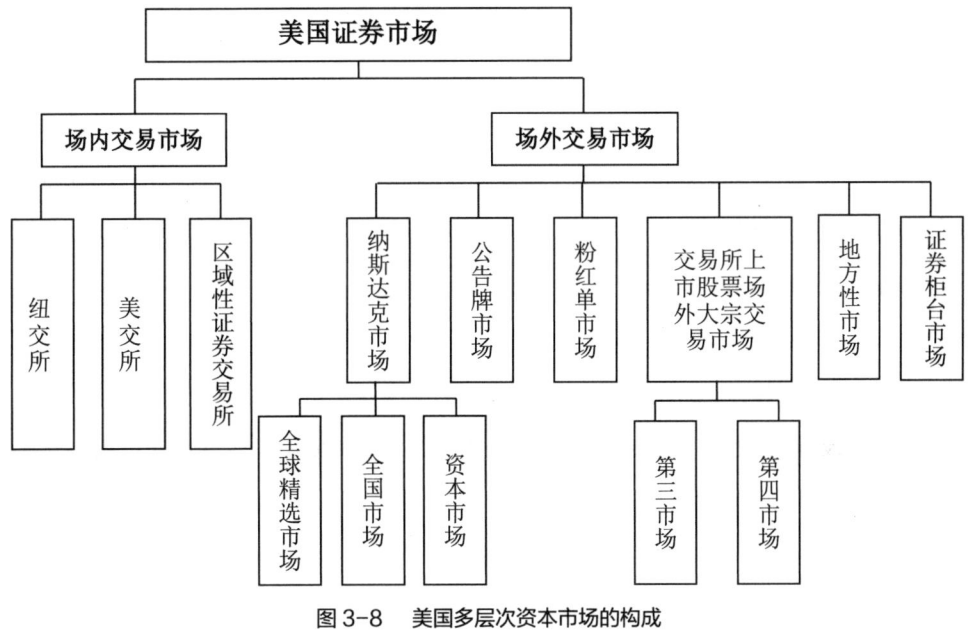

图 3-8 美国多层次资本市场的构成

和税务问题（Madiglian 和 Miller，1963），以及其他约束市场参与者最大化效益的市场不完全情况。海外证券柜台交易市场还曾为资产证券化提供交易平台：金融脱媒和利率市场化导致商业银行无法提供巨大的贷款，"证券化"则将金融资产的存量盘活。通过资产证券化将停留在银行资产负债表上的长期贷款（资产），迅速转变成债券（短期资产）销售给更广大的投资者，将回笼的资金重新投资于贷款中去，形成高速流动的融资循环，证券柜台市场是资产证券化重要的交易平台。

三、证券柜台交易市场的运营机制：金融中介 + 金融市场

20 世纪 70 年代以来全球金融创新的迅速发展与证券柜台交易市场推动的"证券化"进程息息相关。大部分非标准化金融资产都是基于证券柜台交易，这是因为基于证券柜台市场的信息机制在解决信息不对称问题时比集中交易更有优势，其优势来自于"金融中介 + 金融市场"构造的信息网络。证券柜台市场的做市商有定制非标准化金融产品和金融交易的专业能力，Allen 和 Santomero（1998）将其定义为"转

移风险和处理日益复杂的金融工具及市场的推进装置",由此证券柜台市场成为一个金融中介推动的非标准金融工具的交易市场。这个市场也符合 Merton (1989) 的发现,即金融中介具有"将风险打包或者拆分的特权,从而使风险以最低的成本加以分散"。由此资本市场的交易中介功能有了新的发展,可以由 Merton 金融创新和市场细分的理论来解释。

Merton 将金融创新描述为"金融产品从无到有、从不成熟到成熟以及从特殊到一般化的一个动态递进过程"。在金融产品创新发展的螺旋中,中介与市场高度互补,相互依赖,共同为对方开辟发展的空间。在由金融中介高度定做的金融产品中,成功的产品会从中介移向市场,这是一个金融产品非标准化到标准化的过程,而证券柜台市场便是实现这个过程的重要平台。证券柜台交易市场的发展体现了金融中介与金融市场在竞争中的融合,金融中介本身的发展越来越借助于市场;而金融市场发展越复杂,交易过程就越来越需要借助于中介机构来完成。证券柜台市场"金融中介+金融市场"的运营机制有助于解决证券柜台市场的信息不对称,做市商作为金融中介具有信息生产功能,而市场机制则推动交易传递信息,其实质构造了一个证券柜台信息网络,具有信息生产和信息显示双重功能。因而证券柜台交易市场的快速发展,其本质因素在于其运营机制和信息机制满足非标准化产品交易的需求,在解决市场信息不对称问题时更有效率。从制度经济学视角看,这样的制度演变是为解决经济体内在需求而内生的结果。

第三节 证券柜台交易市场的发展形态和资源配置效率

如上节所述,证券柜台交易市场"金融中介+金融市场"的运营机制构造了一个证券柜台信息网络,这直接推动了金融产品创新和证券化进程,因而证券柜台市场的信息机制是其功能实现的保障。因为交易产品的非标准化，证券柜台市场需要特殊的信息机制以消解市场的信息不对称，因此证券柜台市场资源配置功能的实现与其信息机制有着密不可分的关系。

一、证券柜台交易市场的证券产品

从基础资产看，证券柜台交易的主要证券为普通股、优先股、认股权证、美国存托凭证（ADR）、债券及衍生品等。其主要交易产品包括：

（1）非标准化金融产品：包括私募债券、私募股权、各种金融衍生产品等，大部分是证券公司根据交易对手需求创设的各种个性化产品，比如特殊的结构、期限和保护条款等，以满足发行人的不同需求，其产品的性质适合在透明度较低的证券柜台交易。

（2）标准化金融产品的大宗交易：某些交易量很大的金融产品虽然标准化程度很高，但也通常在证券柜台交易，比如美国国债或者一些流动性较高的利率衍生品。这种交易模式通常出于利润的考量，市场不透明给了中介商利润提升的空间。另外投资人倾向于流动性较高的市场，因而当做市商已经建立起流动性的头寸[①]后，即使交易所在大额订单交易也难与之争锋。证券柜台交易的盛行也和交易黏度有关，大宗交易通常通过证券柜台进行私人询价，相较于在交易所和大量分散而多元的交易对手竞价，专业对手方的出价更有利，因为竞价方式下为消化大额交易的价格折扣通常更大。

证券柜台市场尤其是非标准化金融产品的主要交易场所，比如债券和金融衍生品的交易中柜台交易均占据主导地位（图3-9）。截至2012年，证券柜台市场衍生品交易量占美国衍生品交易总量的90%以上，场外交易债券占债券总交易量的30%。这主要因为证券柜台交易市场的交易制度和交易所市场存在较大不同，由此影

[①] 头寸是一种市场约定，承诺买卖合约的最初部位，买进合约者是多头，处于盼涨部位；卖出合约者为空头，处于盼跌部位。

响其信息机制和市场功能的实现。

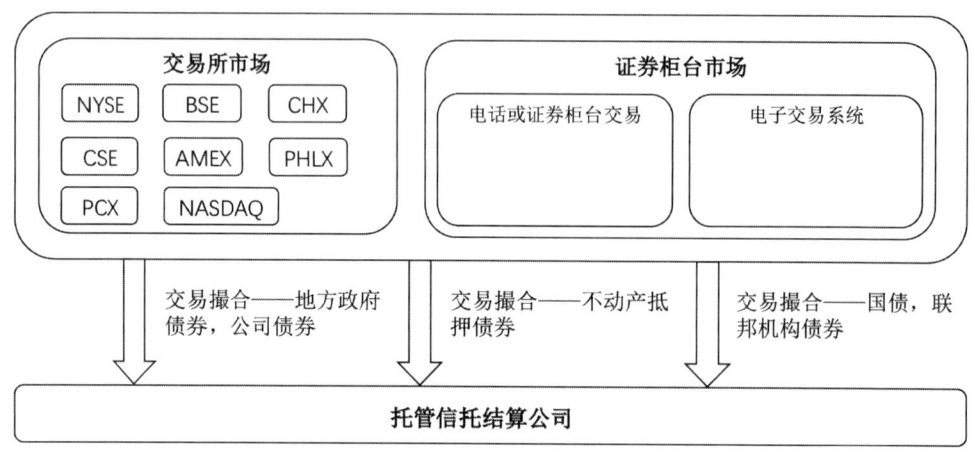

图 3-9 美国多层次债券市场的交易体系

二、证券柜台交易市场形态的动态演进

由于证券柜台市场既可交易非标准化金融产品，也可交易标准化金融产品，由此证券柜台市场本身也呈现层次化发展的特征。交易产品标准化程度不同，市场形态也明显不同：其中交易标准化产品的证券柜台市场和交易所市场相似（集中竞价、市场透明、无中介交易）；而在交易非标准化金融产品时证券柜台市场还保留传统证券柜台的特征：存在交易中介、市场不透明、交易分散、采用做市商交易机制等。分析如下。

（1）存在交易中介。证券柜台市场存在交易中介，海外市场一般为投资银行等经纪商或交易商。交易商是证券柜台市场的组织者、流动性提供者和参与者。交易商在其证券柜台市场上对于新产品设计、交易平台的组织，市场规范的制定都全程参与。其作为交易中介分别与证券的实际买卖双方进行交易，分别在买入和卖出过程中扮演市场组织者和交易中介的角色，这主要是通过做市商功能体现。

（2）市场不透明。因为交易资产的非标准化导致交易者之间的信息不对称，证券柜台市场的交易很难采用集中竞价方式交易，通常通过搜寻、协议转让的方式或是和市场中介交易。柜台市场一般也呈现不透明的特征,即证券柜台市场的投资人一般不知道市场的其他价格信息或者最近的交易信息,这样引致寻找交易对手的机会成本,因此证券柜台市场在交易组织上一般都有交易中介存在,这是场外市场和集中交易市场最大的区别。

(3)交易场所分散。证券柜台市场可销售经纪商自创的证券、代销证券或是重新组合的证券,交易场所分散在每个经纪商的证券柜台市场上。这个场所可以是有形的也可以是无形的,只要是某个产品或服务(如金融衍生品)的供给交易是由某经纪商唯一独立进行的。

(4)做市商交易机制。以证券柜台方式组织的交易,常常采用的是标购标售的方式,证券产品的买卖价格由经纪商根据市场行情和供求关系确定。而交易中介作为证券柜台市场的组织者,为自己证券柜台交易的金融产品报价。具体的产品议价,往往是通过经纪商和机构投资者协商谈判的形式、以有限合伙契约的形式进行。

从金融产品动态演进的角度看市场形态,当交易的金融产品专业性强、交易量不大、信息不对称较严重时,柜台市场将更多运用其中介性质运作和交易金融产品,市场形态为如上所述的传统证券柜台;而当产品标准化程度提高,信息易于为交易者获取时,证券柜台市场的市场性质将取代中介性质,市场形态更类似交易所市场。由此证券柜台市场兼具分散市场特征和集中市场特征的市场形态,而市场到底是分散市场还是集中市场由交易产品的标准化程度决定。从这个意义而言,证券柜台交易市场既有产品创设又有交易功能,这种"新型市场的发展得益于某些成功产品的标准化及其发行渠道由中介转向市场,这些交易市场和创新产品的成功又激励了创建新的市场和产品的投资,如此反复进行,螺旋式通向完全市场和交易成本理论极限的边界"(龚明华,2005)。

三、证券柜台交易市场的资源配置效率

证券柜台市场通过其"金融中介+金融市场"的运营机制解决市场的信息不对称。证券柜台金融中介具有信息生产功能,而金融市场则推动交易通过信息显示传

递信息,由此证券柜台市场其实构建了一个信息网络,通过信息生产和信息显示推动市场资源配置功能的实现。

(一)通过信息生产推动金融资源的转化效率

金融资源的转化效率是指金融中介将吸引的资金证券化的过程,也就是把初级证券转化成二级证券并进行出售的过程,这种转化能力越强则转化效率就越高,这涉及到风险和收益的定价。证券柜台市场可发挥金融中介在风险管理方面的优势,实现风险的打包拆分,由此证券柜台市场成为了"风险转移和处理日益复杂的金融工具和市场的推进装置"(张杰,2001)。

(二)通过信息显示提升金融资产的配置效率

金融资源的配置效率是指金融中介出售二级证券,使其在不同的投资者间分配,从而影响金融资源的配置效率。董琦(2008)指出当资金流向边际效率越高的部门,其配置效率就越高。证券柜台市场发挥市场交易的信号传递功能,通过证券价格显示信息以引导资源配置。

由上可见,证券柜台市场的信息机制包括信息生产和信息显示过程:证券柜台金融中介正是通过信息生产推动证券柜台金融产品创新,使得资本市场的完备性逐步提升,同时也推动了金融资源的转化效率;而产品的丰富推动了证券柜台市场的交易,市场通过信息显示提升了金融资产的配置效率。表3-3总结了证券柜台交易

表3-3 证券柜台市场私人信息的生产和显示机制

比较项目	中介为主	市场为主
证券柜台市场形态	分散证券柜台市场	集中证券柜台市场
证券柜台信息机制	信息生产	信息显示
主要产品	非标准化金融产品	标准化金融产品
功能演进	金融产品创新	市场交易
资源配置效率	金融资产转化效率	金融资产配置效率
制度背景	放松监管,鼓励创新	鼓励市场分层和竞争

市场信息机制和功能演进的关系。

按制度经济学的理论，信息不对称的证券柜台交易市场的效率提升和功能实现并非天然，而是基于一系列金融交易和金融制度变迁才达到的"内生"结果（张杰，2001）。下节将详述海外成熟证券柜台交易市场提高信息效率的制度实践，阐述证券柜台市场如何通过信息机制实现一级和二级市场的联动。

第四节　海外证券柜台交易市场提高信息效率的实践

本节简介海外成熟证券柜台市场提高信息效率的制度实践，包括构建做市商的交易机制、构建多边交易平台和非公开交易平台。制度经济学认为制度演变是经济体为解决内在需求而内生的结果，这些实践可以看作证券柜台市场为解决市场信息不对称问题而内生的制度变迁。其实质是通过市场制度的创新提升市场的信息效率，从而推动市场资源配置功能的实现。

一、构建做市商交易机制，发挥金融中介的信息生产功能

在信息不对称较严重的环境下，非标准化金融产品的交易大多采用做市商交易机制改善信息不对称，包括未公开上市的股份、公司债、机构债及衍生品等。美国的 OTC PINK 市场、PORTAL 市场，中国台湾的兴柜市场，日本的绿单市场及英国的 PLUS 市场等证券柜台交易市场均采用做市商交易机制。做市商制度的引入体现了金融市场的中介化趋势，即中介越来越多地服务于市场交易本身。

Scholtens 和 Wensveen（2004）认为在不完美市场，金融中介的作用将从介于储蓄者和投资者之间被动的"代理人"转向独立的积极的市场参与者，创造新产品并

为新产品拓展新市场。证券柜台交易天然就存在市场信息不对称,因而其本质就可发展为强调金融创新和动态发展的"新市场",金融中介在这种新市场中将作为市场参与主体提供金融转换的功能。这也是证券柜台市场引入做市商的意义所在:作为金融中介积极地进行金融产品创新,参与金融转换(finaneial transformation),通过转换金融风险、期限、规模、地点和流动性的转换创设金融产品,起到完备资本市场的作用。

证券柜台交易市场的做市商需要建立庞大的资产池,参与多样化的证券产品做市,包括大宗商品、信用产品、货币、利率产品和贷款抵押产品(表3-4)。这是基于基础资产的金融产品创新过程,产品创设也是证券柜台市场发展不可或缺的步骤。

表 3-4 证券柜台交易市场的做市交易领域

品类	内容
大宗商品	包含原油及原油产品、金属、天然气和电力、林业在内的多样化领域中的商品和衍生品。
信用产品	信用衍生品、投资等级公司证券、高回报证券、银行担保贷款、市政债券、新兴市场和次级债务。
货币	为客户衍生品国际市场提供货币交易服务。
利率产品	利率互换、期权和其他衍生品、政府债券、货币市场投资工具、商业票据、国库券、回购协议和其他高流动性债券和投资工具。
贷款抵押产品	交易各种商业和住宅的贷款抵押及相关联的贷款产品和其他资产担保投资产品,同时发起并提供商业贷款抵押和住宅贷款抵押服务。

证券柜台交易市场的做市商可适应不同的交易需求,既可以作为竞价交易市场的特许做市商(designed market maker),通过做市改善证券的流动性(主要为B2C市场);也可以作为交易商存在于交易商市场(dealer makets)(主要为B2B市场),比如外汇、证券柜台衍生品、政府债和公司债等证券的市场便是典型的交易商市场,做市商是所有交易者的对手盘;或者作为事实的做市商,比如某些以做市

为目的的高频交易商。不同市场做市商的定位有所差别，其主要功能包括：

（1）增强证券柜台市场的流动性。流动性指投资者根据市场的供求状况，以适当的价格迅速完成交易的能力。证券柜台市场的证券风险较高，信息渠道较少，如果买卖订单出现失衡，部分投资者的买卖订单将得不到执行。而做市商提供持续的双边报价能满足投资者即时交易的需求，因而能为证券柜台市场提供流动性保障。

（2）构建证券柜台交易证券的信息网络。证券柜台市场的不透明程度较高，信息不对称程度较高，这直接影响资产定价，最终影响市场资源的配置，因而信息问题是证券柜台市场能否发挥功效最重要的问题。做市商可利用其专业的信息收集和分析能力，以及资产定价的专业知识为证券柜台交易证券估值并报价；做市商报价的过程是一个动态博弈，随着信息的显示，做市商调整报价以反映市场的最新信息，因而做市商交易机制实质提供了一个信息加工和显示的机制。

（3）证券柜台交易市场的风险管理。做市商因可广泛参与现货、固定收益、衍生品等交易，故有条件为符合特定要求的合格投资者（包括机构客户和高净值个人客户）提供风险对冲和风险管理服务，以应对利率、信用、外汇、大宗商品等风险，需要金融机构提供适当的避险工具及风险解决方案。

做市商交易机制是证券柜台市场的业务基础。做市商的本质是为撮合交易提供流动性并赚取价差，证券柜台市场的交易商通常利用不同市场、不同投资人、不同时间对资产定价的差异做市套利，并通过量化模型对冲存货风险。做市商可通过频密的证券柜台交易，让风险在客户与客户之间对冲，从而赚取无风险收益。20 世纪 70 年代以来做市商业务已经成为投资银行的核心业务，其起到了联通一级市场和二级市场的作用。通过对某种证券的创设和做市，投资银行可赚取承销，投资和息差等多种收入，激进的投行更通过自营的杠杆博取市场波动下的头寸盈亏。以典型的交易商高盛公司为例，其拥有投资银行、交易、本金投资、资产管理、证券服务五大业务线，其中交易、证券服务、资产管理和部分的本金投资都与证券柜台业务相关（表 3–5）。

表 3-5 做市商机制下的资本市场业务构成

	业务类型	主要业务内容
资本中介型业务	市场交易	为客户提供股票、债券、期货和期权等一系列金融资产的交易服务而取得的佣金和费用
	投资银行	承销股票和债券取得的收入以及为客户提供财务咨询取得的收入
	资产管理	为客户提供资产管理服务取得的管理费、奖励费和其他交易性收入
	资本市场做市	以自有资本直接进入金融市场，为客户及其他市场参与者提供头寸流动性，转移并对冲风险而取得的收入
	利息收入	投行存款利息收入，借入或转售的证券持有期间产生的利息，持有金融工具的利息和其他利息收入
买方业务	其他本金投资	以自有资本在金融市场上投资股票、债券期货和期权等其他衍生金融产品取得的投资性收益

二、推动建设多边交易平台，推动交易市场的竞争

近十余年由于法律制度的革新、技术进步、低成本竞争优势和多样化交易选择等因素，多边交易设施（平台）迅速崛起并彻底改变了证券交易行业的竞争格局（表3-6）。多边交易网络也称另类交易系统（ATS）[①]，既是一种金融市场创新，也是一种金融服务方式的创新。2007年SEC推出《全美市场系统规则修正案》，要求交易中心给股票投资者提供全部市场上的最佳价格，或使交易转移到能提供更好价格的市场上完成。这推动了单个的证券柜台市场（SB2C）逐渐向多边交易平台（MB2C）转变，实质打造了一个互联互通的机构间市场。

---

① ATS 英文全称是 Alternative Trading System，另类交易系统。以互联网为基础，依据已制定的非任意性规则等一系列规则自动聚合众多投资者买卖证券的委托或指令的电子交易系统，具体定义见第三章第四节。

表 3-6　各国（地区）对多边交易平台的法规界定

区域	ATS 界定
美国	根据 Rule 300（a），SEC 将 ATS 定义为"任何组织、协会、个人团体或系统，组建、维护或者提供市场或设施，并以此来聚合证券的买卖双方的委托指令或者履行证监会《规则 3b-16》规定的一个证券交易所所履行的职能"。1998 年美国颁布了《ATS 条例》，将 ATS 区分为电子通信网络（Electronic Communication Network，ECN）和配对系统（Crossing System）两类，两者都是自动撮合客户委托买卖证券指令的私人电子化交易系统，配对系统因不符合 ECN 有关持续公布价格信息的条件也被称为黑池（Dark Pools）
欧盟	2004 年欧洲议会和欧盟理事会颁布《市场进入根据指令》，界定 ATS 为一个由投资公司或市场经营者运行的多边系统，通过这个系统按照非任意交易规则来集合多方投资者金融工具买卖利益，并达成一个符合该指令规定的交易合同。同时将 ATS 正式改名为多变交易设施（Multilateral Trading Facilities，MTFs）
韩国	韩国于 2011 年修订后的《金融投资服务和资本市场法案》中，ECN 按照指令驱动方式的差异进一步细分为报价驱动和订单驱动两类模式，因此 ATS 又被划分为电子公告牌、配对系统、报价驱动系统和订单驱动系统四大类
中国香港	1997 年，中国香港证券期货委员会发布报告称，凡是为证券期货合约提供自动交易的系统都属于 ATS；1999 年 7 月，委员会公布《有关自动交易系统及相关问题立法建议指南》，把 ATS 分为五类，分别为公告板和交易撮合系统、经纪商运营的 ATS、交易所运营的 ATS、经纪商-客户的自动连结、以互联网为基础的运行装置

传统的证券柜台市场一般是单个交易商直接面对客户报价和自主成交，客户间没有信息显示，其特点是：订单分散显示—订单分散分发—做市商分散报价—做市商垄断订单成交权—成交分散报告。这样的市场透明度低，信息不对称严重。多边交易平台将分散的场外证券柜台市场连接成一个交易网络，提高了市场信息效率：机构间的电子交易网络将传统做市商的分散报价，以及经纪商的客户委托和自营订单都集中到电子网络平台，交易的网络化组织可提供更好的流动性，更重要的是可抑制大做市商的报价行为，降低价差。比如在《ATS 规则》通过后的四年内，

NASDAQ 做市商的平均报价价差就减少了 30%。另外值得注意的是《NMS 规则》要求全美的证券交易都要执行 NBBO[①]公平报价，由此美国不同交易市场之间的价格联系更加紧密，形成一个大的交易网络。

1998 年美国对电子通信交易平台（ECN）进行标准化和规范，在此基础上发展了涵盖范围更广的另类交易系统（ATS）。ATS 的迅速发展形成了对交易所的直接挑战：在其冲击下曾为全美最大的交易所的纽交所市场份额从 2005 年的近 80% 下降到了约 30%，而 ECN 则从此前的 7% 增长到 22%。而欧盟监管下的多边交易设施（Multilateral Trading Facility，MTF）也从传统交易所手中夺取了大量市场份额，其中 BATS Chi-X Europe 占据了欧盟证券交易近 20% 的市场份额，超过了伦敦证券交易所的 19.58%，成为欧盟最大的证券交易平台。

三、推动建设非公开交易平台，构建分层证券柜台市场

近年来以黑池交易系统为代表的非公开交易平台迅速崛起。"黑池"是一种不对外公布其场内订单信息的电子通信网络（ECN），通常由一些大型跨国银行及投资银行创立营运，客户以机构投资者为主。黑池交易平台是证券柜台交易市场的重要组成，很多券商都有自己的黑池交易平台，如高盛的 Sigma X、花旗集团的 ACE 平台等。黑池交易平台其起源于券商的撮合交易，近十多年来发展迅速，截至 2013 年 3 月底，在 SEC 注册的 ATS（含 ECN 和黑池）共有 96 家，其中绝大多数均为证券公司所设立。

非公开交易平台过订单簿撮合的方式实现成交，实质是一种配对撮合网络（Crossing Network）。其自动对盘的过程通常由证券柜台实现。黑池平台撮合方式包括集中和连续两种，它的信息传递兼具公共信息渠道和私人信息渠道模式。证券柜台和机构间交易系统或外部交易商相连，客户不仅可在黑池内部交易，也可通过机

---

① NBBO（National Best Bid and Offer），指的是全国最佳买卖报价，指任何给定时间内每个证券在所有竞争市场中心上的最佳买价和最佳卖价。NBBO 在交易全天内更新，显示所有交易所和做市商之间对一个证券提供的最高和最低的报价。

构间系统和外部交易商进行交易。交易透明度方面，未成交订单的详细信息不会对投资者公布。并且交易双方不知道对方的身份，也不清楚对方的报价和待交易的证券数额，只有当交易完成后，黑池才会将交易结果报告给投资者，因此信息不透明。

非公开交易平台近年的市场占有率大幅成长，其成交占有率从2008年3月的5.4%快速攀升到2010年10月的12.6%。美国主要黑池交易平台（表3-7）的成交量市场占有率持续上升，根据SEC（2010）报告，截至2009年9月美国2/3的黑池交易占据了7.9%的股票交易量；2011年中则有12%的股票交易在黑池发生（数据来源：Tabb Group，a consultancy and Rosenblatt Securities）。另外欧洲、加拿大和亚洲国家的黑池交易还未成规模，但也增长迅速。

表3-7　美国主要黑池交易平台

独立经营	券商经营（括号内为主营券商）
Block-Cross	Ballista ATS（Ballista Securities）
Chi-X	BIS（BNP Paribas）
Instinet Crossing	Blocsec（CLSA）
ITG Posit	Bloomberg Tradebook（Bloomberg）
Liquidnet	Citi Match（Citibank）
NYFIX Milennium	Cross Finder（Credit Suisse）
Pipeline Trading Systems	Pipeline Trading Systems Crossstream（Fidelity）
Pulse Trading Block Cross	Pulse Trading Block Cross DBAT（Deutsche Bank）
River Cross	River Cross Knight Match（Knight Captial）
Level ATS	MS Pool（Morgan Stanley）
BATS Trading	Sigma X（Goldman Sars）
Direct Edge	VortEx（Bank of America）

第四章

证券柜台交易市场信息效率的影响因素研究

20世纪80年代以来，证券柜台交易市场在技术，市场和制度等方面经历了显著的变化。信息技术的发展使得信息的容量增加、处理更加方便快捷；场内和场外交易的竞争促使市场结构更加复杂；制度法规配套也促使市场发展更加多元。本章从市场微观结构视角分析证券柜台市场信息效率的影响因素，以期为政策制定提供依据。

第一节 交易机制对证券柜台市场信息效率的影响

交易机制（trading mechanism），是指汇集与交易有关各方的指令以形成市场价格的规则的总和，其实质是市场价格的形成方式（吴林祥，2001）。交易机制的核心是将买卖指令转化为实际交易。不同交易机制在指令类型、指令匹配方式和执行时间方面都各不相同，导致其信息效率也不同。

一、交易机制：做市商交易机制和竞价交易机制驱动

（一）主要证券交易机制的种类

证券交易机制包括指令显示、指令执行和数据传送三个方面，其中指令执行是整个规则的核心，它不仅决定着指令类型，也决定着交易数据可显示的范围和速度，从而最终决定信息显示和价格形成。从指令执行方式来区分交易机制，一类是报价驱动（quote-driven）的做市商交易机制，另一类是指令驱动（order-driven）的竞价交易机制。在做市商交易机制中，交易方在提交指令前可获得做市商报价，交易者不需等待，可与做市商即时交易；而竞价交易机制中买卖双方向市场提交委托指令，交易系统根据一定的指令匹配规则进行撮合，由于没有交易中介，只有等到相匹配的指令后，指令才能得以执行。另一种分类方法是根据交易的时间特性，分为连续交易和间断交易（表4-1）。连续交易制度下指令能在不同的价格上马上执行一系列的双边交易；而间断交易制度下，交易方向中介机构提交报价，定期在唯一的价格上进行一组多边交易或批量交易，因此定期交易机制又被称为集合交易机制。

表 4-1 主要交易机制的分类

	连续交易	间断交易
订单驱动	连续竞价机制	集合竞价机制
报价驱动	连续性做市商机制	集合做市商机制[①]

（二）交易机制和信息效率

交易机制对市场的信息显示有直接的影响。不同交易机制下，指令提交的顺序和执行的依据不同，导致信息显示过程不同，因而信息效率也不同。在做市商交易机制下，受限于做市商报价清单的"价格—数量"限制，交易者不一定可选择最优

---

① 因集合做市商市场现实不存在，故做市商机制特指连续性做市商机制

策略，市场效率也不一定最优；在集合竞价机制下，由于市场出清价格的不确定性，可能出现买者申报价格大于其边际价值，卖者申报价格小于其边际价值，虽然市场交易增加，但资源配置并不有效。

关于不同交易机制下市场效率的优劣，理论界还没有一致的结论（刘荻，2002）。Mandavan（1992）在理性预期的框架下，分析了连续报价驱动系统和指令驱动系统（分别分析了连续拍卖和定时拍卖市场）下的信息显示和价格形成，指出：在能够自由选择成为做市商的条件下，连续报价驱动系统和连续拍卖系统是等价的；而定时拍卖市场价格发现的效率最高。Keremer（2002）提出任何交易机制下的信息效率都受到市场其他条件制约，O'hara（2010）也提出不同决策情境下交易机制对市场的影响存在区别，不同交易机制有其适用性，单独讨论某种交易机制孰优孰劣并无意义。事实上 Reny 和 Perry（2006）在研究双向拍卖时发现，在交易者理性、策略性的知情者条件下，如果交易双方的人数充分多，双向拍卖可完全显示信息，而集合竞价、连续拍卖和做市商制度本质上都属于双向拍卖，因而在三种交易机制下都有可能实现信息有效，这进一步证明没有哪一种交易机制的信息效率绝对优于另一种。因此考察现实市场的信息效率不仅要考察交易机制，还须考察其与其他市场微观结构结合能否有效汇总信息，比如交易者的信息结构（知情与否）、风险偏好（理性与否）和推理规则（如策略选择）等，本书将在下文详细讨论这些微观结构因素。

（三）证券柜台交易市场的混合交易机制

因为每种交易机制均有其适用性，证券柜台交易市场通常采用混合交易机制，常用的交易机制包括做市商报价、竞价和询价交易机制（表4-2），其中询价交易机制在本质上属于竞价交易机制。在做市商交易机制下做市商给出双向报价，交易双方并不直接交易，而是从做市商手中以买入价（bid price）买进或以卖出价（ask price）卖出证券，做市商以其自有资金或证券参与交易；竞价市场的交易由订单驱动，买卖双方可直接交易，无须借助中介，成交价格由交易者订单的竞争决定；询价制指交易方直接就交易价格、数量等交易要素进行一对一的自主谈判，逐笔成交，询价实际上是交易双方相互报价以及讨价还价的博弈，可类比于不完全信息下的双向拍卖（double auction）。

表 4-2 证券柜台交易市场常用交易机制的比较

	竞价交易机制	询价交易机制	报价交易机制
是否存在中介	无	无	以自己账户与投资者进行交易
价格条件	限价订单	一对一协商	做市商报价
交易时间	间断	间断	连续
事前透明度	开放式：理论价格和订单汇总信息；封闭式：不披露	私人信息，私人协商	仅有报价
事后透明度	成交信息	成交信息	成交信息

出于流动性和稳定性的考虑，证券柜台交易市场采用做市商交易机制为基本交易机制，比如美国的 OTCBB、OTC Markets、PORTAL 等，做市商是流动性的主要提供者，也是这些多边交易设施的基础交易平台；每个做市商均能独立实现对订单信息的处理，同时还能通过终端将订单联入交易网络进行竞价，以获取更好的交易价格，而基于此以做市商机制为主的混合交易机制是证券柜台市场最为通用的交易机制。

二、混合交易机制下证券柜台市场的信息显示

交易机制对市场的信息显示有直接的影响。在竞价和报价（询价制从交易本质看时是交易双方报价和讨价还价的博弈过程，因此也可归类为竞价交易机制）两种最基本的交易机制下，指令提交的顺序和执行的依据不同，导致市场汇集信息的机制也不同，因而信息效率也不同。其中最本质的是指令提交的顺序不同，做市商制度下由竞争性做市商先提出报价，然后交易者提交买卖指令；而在竞价交易制度下，市场参与者先提交买卖指令，由供需平衡决定均衡价格和执行指令，因而竞价交易机制是瓦尔拉斯"拍卖人"框架的变体。

（一）交易指令与信号显示

交易指令本身具有丰富的信息含量，Glosten 和 Milgrom（1985）认为交易指令可引领做市商的动态学习。除了交易价格，还有一些基本属性也可当作交易信号，包括市场深度、成交量和交易规模，以及非知情交易者的行为等。交易指令中的信号因素还包括以下两个方面。

1. 交易价格与信号显示

Brown 和 Jennings（1989）、Grundy 和 McNichols（1989）都分析了理性预期框架下的信息显示过程，模型显示在非对称信息情况下价格不仅可令市场出清，还具有信息加总功能，即价格序列所提供的信息会超过单个价格所提供的信息；而未知情交易者可从价格调整的过程中学习，即不仅从单个价格，还可从多个价格的序列学习，学习可使交易价格最终显示全部信息。

2. 交易量与信号显示

Pfleiderer（1989）、Wang（1994）、Blume（1994）在理性预期框架下研究了噪声交易的环境下交易量的信息含量，结论是交易量将作为信号影响交易者的交易策略和做市商的定价策略，而价格和交易量的加总信息量超过仅有价格显示的信息量。

（二）不同交易机制下的指令执行

证券柜台市场是不透明的市场，存在着私人信息，不同交易机制的信息显示机制也各异。

1. 竞价交易机制下的指令提交和执行

连续竞价市场每一时点都可能成交，交易者可根据现价和历史成交信息提交订单，交易信息的易得性和交易的即时性使得成交价反映的信息含量大，反应速度较快；而这些信息能否完全信息显示，还须考虑知情交易者的交易行为。连续竞价市场的知情交易人拥有资产价值的私人信息，其还通过交易信息的连续披露获得市场信息，因此知情交易人更利于其做出利于自己的报价，甚至可能以偏离真实价值的报价对不知情交易者进行错误的引导，从而导致价格波动剧烈。

集合竞价市场的知情交易者只有私人信息，没有市场交易信息，其报价只根据私人信息；而未知情交易者既没有私人信息也没有市场交易信息，其报价可看作是一个随机过程，同时由于集合报价的成交价是最大成交量产生的，它反映了这段时间内大多数订单提交者的一致认同价格，也反映了知情交易者的私人信息，准确性较高。实证检验方面，Amihud（1990）的研究证明了集合竞价减低了信息不对称的程度；Theissen（2000）的研究也显示集合竞价市场的开盘价最接近资产的真实价值。整体而言，集合竞价交易在解决信息严重不对称方面较连续交易制度更为有效。

2.做市交易的指令提交和执行

做市商交易机制中，由做市商提供证券交易的买卖报价，做市商一方面持续向市场提供买卖报价，另一方面根据投资者的交易行为及市场状况不断调整自己的报价。具体报价过程如图4-1。

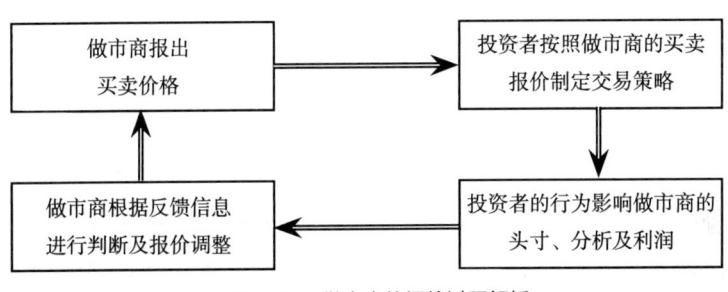

图4-1 做市商的报价过程解析

（1）做市商向交易系统不间断地提供并发布报价信息，如：证券的开盘价格和随后的交易价格。

（2）投资者按照做市商的买卖报价制定自己的交易策略，为提高交易的连续性，做市商作为交易对手，通过承担买单/卖单形式，帮助投资者完成买卖交易。做市商作为交易对手参与证券柜台交易，对及时处理大额指令，平抑市场价格波动也很有效。

（3）投资者将买卖指令报给做市商，做市商是唯一全面及时掌握成交量、成交价等证券交易信息的市场知情者，随着时间的推移，投资者的买卖信息才会逐步显示给整个市场。做市商不仅拥有信息优势，当市场发生可能导致价格异常波动的大额交易时,做市商还可要求推迟或豁免发布大额交易信息。

(4)做市商对其做市产品的交易量和交易价格负有市场维护责任,主要体现为保持价格稳定、促进及时成交、纠正买卖指令的不均衡现象。

(三)证券柜台交易的信息显示机制:贝叶斯学习

证券柜台交易因为存在信息不对称,私人信息一般需逐步显示,且不一定完全信息显示。Kyle(1985)的经典模型描述了知情交易者的私人信息的渐进显示过程,知情交易者利用其信息优势选择交易策略,使其私人信息的收益最大化;未知情交易者通过博弈过程所显示的信息不断修正其买卖报价,使其对资产的预期价值接近于资产的真实价值,这样的信息显示实质是贝叶斯学习过程。其中变量 λ 反映了价格调整所需幅度,即未知情交易者需要多大幅度的价格调整以反映其收到的私人信息。以下是 Kyle(1985)模型的详述。

风险资产的清算价值 $\bar{v}$,服从均值为 P_0,方差为 σ_0 的正态分布。交易过程为两步骤拍卖:第一步,噪声交易者随机选择交易量 u,u 服从正态分布 $u \sim (0, \sigma_u^2)$;知情交易者根据私人信息和历史交易价格和交易信息选择交易数量 x;第二步,未知情交易者根据观察到的订单流 $x+u$ 确定唯一的市场出清价格 P。Kyle 分析了单一报价、序贯报价和持续报价三种均衡。Kyle 分离的信息模型显示:知情交易者最优交易量 x 是其私人信息 v 的线性函数,知情交易者的私人信息随着交易进行逐步纳入价格中,所有私人信息在序贯报价均衡中直到交易结束才会被价格完全接收。Kyle(1985)还证明单一报价存在唯一的线性均衡,且均衡状态下未知情交易者的交易策略为

$$x(v) = \beta (v-p_0) \tag{4-1}$$

知情交易者交易策略 $P(x+u) = E[\bar{v}|x+u] = p_0 + \lambda (x+u)$

其中 $\beta = \left(\dfrac{\sigma_u^2}{\sigma_0}\right)^{\frac{1}{2}}$ (4-2)

$$\lambda = \frac{1}{2}\left(\frac{\sigma_u^2}{\sigma_0}\right)^{-\frac{1}{2}} \tag{4-3}$$

由模型可见:

（1）变量 λ 反映了未知情交易者需要多大幅度的价格调整以反映交易量所包含的信息，$1/\lambda$ 即为 Kyle 所言"市场深度"，反映了指令流对市场价格的影响程度，市场深度与噪声交易者的方差量呈正向关系，与资产价值方差呈反向关系。

（2）未知情交易者对资产价格的后验方差为 $\sigma_1 = \frac{1}{2}\sigma_0$，即未知情交易者根据交易量判断出的资产价值的方差仅为先验方差的一半，其定价策略仅仅揭示了部分信息，如同 Kyle 所言"内幕人私人信息的一半将融入证券价格中去"。

三、做市商交易机制下证券柜台交易的信息显示和博弈模型

本节以 Madhavan（1992）同质偏好模型为基础，建模分析做市商机制下的证券柜台市场信息显示（反映在做市商的动态定价调整）。本节将证明证券柜台交易市场的信息显示不仅受交易机制的约束，还受到投资者风险偏好和交易策略及信息分布的影响；交易机制、交易组织和交易透明度都对信息效率有影响。

（一）模型假设

在做市商制度下，做市商须动态调整其报价以反映市场信息，这便是做市商市场的信息显示过程。以 Madhavan（1992）同质偏好模型为基础，建模分析做市商的动态定价调整的过程，模型假设主要有：

（1）证券资产。存在无风险证券和风险证券，无风险资产的收益率是 0；风险证券的清算价值 v 是随机变量，在时期 1 实现。

（2）两类交易者。知情交易者和非知情交易者（做市商）。知情交易者以外生过程 $\{t_i\}_{i=1}^{\infty}=1$ 在（0,1）的时间区间进入市场；t_i 时进入市场的交易者 i 提交的指令数量计为 q_i（$q_i>0$ 表示买进，$q_i<0$ 表示卖出），p_i 为 q_i 交易的价格。设投资者的初期财富由向量（x_i, c_{0i}）决定，x_i 为初始证券持有量，$x_i \sim N(0, \sigma^2)$，由于交易者的风险厌恶，其资产变化就产生了对冲的交易动机，这一流动性的交易数量与 σ^2 有关。c_{0i} 为初始现金持有量，投资人在终期财富为 $W_{1i} = (q_i + x_i)\tilde{v} + c_{0i} - p_i q_i$。

（3）信息结构。设在 0 期证券资产是以均值 μ 和确定性 τ 正态分布的，其中

τ 是知情交易者和做市商均可获得的公共信息;除公共信息外,第 i 个投资者还考虑由白色噪声 $\tilde{e}_i$ 引起的随机变量 y_i,$y_i = v + \tilde{e}_i$。设 $\tilde{e}_i$ 服从均值 0 和确定性 θ_i 正态分布,因此交易者 i 的私人信息为 (x_i, y_i)。这样第 i 个投资者的先验信念服从均值 y_i 和确定性 θ_i 正态分布。做市商无私人信息,但其拥有的信息可以根据订单量而随时调整,即运用贝叶斯学习更新信息。

因 γ_i 信息不均衡,记 $\gamma_i = \frac{(\theta_i + \tau)\theta_i}{\tau}$。当 θ_i 越大,τ 越小,则 γ_i 越大,即信息不均衡的程度越大;当 θ_i 越小,τ 越大时,则 γ_i 越小,即信息不均衡程度越小。

(4)交易机制。市场采用垄断做市商机制,存在 1 个风险中性的做市商和 1 个知情交易者,其目标位在竞争约束下预期利润最大化。

(5)博弈描述。知情交易者和做市商开展动态博弈,做市商首先决定其报价,知情交易者将基于给定报价和私人信息选择自己的最优指令。理性做市商将把价格设为给定初始信念、历史交易以及指令流信息之股票价值的条件均值(conditional expectation)。这意味着报价因指令流而异,即在 t_i 时期做市商先确定一个报价曲线 $p_i(\cdot)$,一旦观察到第 i 个交易者提交的指令,做市商将针对 $i+1$ 时期即将进入的第 $i+1$ 个交易者,修正原先的报价函数 $p_i(\cdot)$ 为 $p_{i+1}(\cdot)$,在设定报价函数 $p_i(\cdot)$ 时,做市商使用了历史交易 h_i、先验分布所包含的信息。这样,每个时期的证券柜台市场可描述为做市商和知情者策略构成的博弈。

$$\Gamma = \{ p_i(\cdot); q_i(x_i, y_i) \}$$

(二)模型构建和均衡分析

做市商目标函数:做市商的目标是在竞争约束条件下使得预期利润最大化。交易者目标函数:知情者的交易目标是预期利润最大化。设每个知情交易者的效用函数为负指数函数,即 $u(w_{1i}) = -e^{-\rho_i w_{1i}}$。其中 w_{1i} 表示第 i 个投资者在 1 期的财富,ρ_i 为风险厌恶系数,$\rho_i > 0$ 则投资者为风险厌恶型可以证明最大化期望效用等价于最大化 $\mu - \frac{1}{2}\rho_i$;即当 $\mu - \frac{1}{2}\rho_i$ 取最大值时,$E[\mu(w_{1i}) | \Phi_i]$ 也取最大值。Φ_i 为第 i 个投资者在 t_i 时信息集合。

根据以上分析，可定义上述均衡：t_i 时期做市商市场的纳什均衡是一个报价函数 p_i 以及需求函数 q_i，其中 $q_i = \frac{E(w_{1i}|\Phi_i) - p_{i-1} - \alpha x_i}{\alpha_i + 2\lambda}$，$p_i(q_i) = p_{i-1} + \lambda_i q_i$，且满足三个条件：

（1）每一个做市商的报价可保证其在每笔交易中赚取大于或等于零的预期利润，即 $\{E\|\tilde{v}|q_i, \Phi\| - p_i(-q_i)\}(-q_i) \geq 0$；

（2）做市商只有提出最低卖出报价和最高买入报价，才能与交易者成交；

（3）知情交易者在给定报价 $p_i(\cdot)$ 的情况下，使预期效用最大。

$q_i \in \text{argmax} \{E[\mu_0|\Phi_i]\} \cdot \theta$，其中 α_i，λ_i 为常量：

$$\alpha_i = \frac{\rho_i}{\theta_i + \tau}, \lambda = \frac{\rho\theta_i}{\rho_i \sigma^2 \theta_i - (\theta_i + \tau)}$$

（三）主要结论：证券柜台市场信息显示的影响因素

由以上分析可见，证券柜台市场的交易过程是一个动态博弈，随着信息的显示，做市商动态调整报价以反映市场的最新信息。参数 λ_i 表示做市商需要多大幅度调整价格以反映交易量所包含的信息，λ_i 的大小体现信息显示的幅度，λ_i 越大，则需调整的价格幅度越高，也即信息显示越难，则有：

$$\frac{\partial \lambda_i}{\partial \tau} < 0, \frac{\partial \lambda_i}{\partial \rho_i} < 0, \frac{\partial \lambda_i}{\partial \theta_i} > 0, \frac{\partial \lambda_i}{\partial \sigma_i} < 0 \tag{4-4}$$

模型显示做市商价格调整幅度 λ_i 是 σ^2 和 ρ_i 的减函数。这是因为，交易者资产波动越大，风险厌恶系数越大，其对冲交易动机越强烈，知情交易动机的需求越少，因而对于给定的交易量做市商调整价格的幅度越小；τ 代表做市商对证券价值的先验信念，信息越准确，做市商可以不进行大的价格变动就可以吸收大量的交易指令；另外做市商价格调整幅度 λ_i 是 θ 的增函数，说明知情交易者的私人信息越准确，做市商越处于较严重的信息不对称，少量交易就会引起证券价格的巨幅变动。综上所述，可总结做市商机制下证券柜台市场信息显示的影响因素如下。

（1）证券柜台市场的信息显示不仅受交易机制的约束，还受到投资者风险厌恶系数（ρ_i）、资产波动性（σ^2）及交易者之间信息非对称的程度（τ, θ）影响；交易机制、交易人在既定交易机制下的策略以及信息分布都在信息显示中发挥作用，都对信息效率有影响。

（2）做市商交易机制下信息均衡存在的条件。信息非对称程度（τ, θ）、交易者风险厌恶系数（ρ_i）和资产的波动（σ^2）是影响均衡存在的重要因素。只有信息不对称不是很严重时（$\gamma < \rho^2 \sigma^2$）第 i 期才存在交易均衡，这说明做市商机制下均衡存在的必要条件是市场信息不对称不能太严重。

（3）做市商交易机制对不同金融资产的适用性。因为不同金融资产在信息不对称程度，投资者构成等方面存在较大差异，这种差异性可能影响做市商市场的均衡的形成，这说明做市商交易机制对不同金融资产适用性各不相同，也揭示了为何做市商交易机制在债券和衍生品市场被普遍采用。

债券：债券市场的价格依赖市场利率的变化，受宏观经济变量等公开信息的影响较大（Balduzzi 等，2001）。另外，债券市场一般都是机构投资者，均具有专业的信息研究分析能力，很少有投资者具有特别的信息优势，这令知情投资人的 θ 较小，由此做市商制度较为适用。

衍生品：衍生品的买方大多为机构投资人，交易动机大多为风险管理，其资产波动（σ^2）较大，风险厌恶系数（ρ_i）大；而券商作为衍生品交易的卖方往往对做市产品的信息识别能力强（τ 较大），由此做市商制度较为适用。

股权产品：部分股权产品可能存在较大的信息不对称，知情交易者有私人信息，做市商处于较严重的信息不对称地位，此时少量交易就会引起证券价格的巨幅变动，市场的波动性变大，由此部分股权产品不一定适合做市商交易。

第二节　交易组织对证券柜台市场信息效率的影响

随着信息技术的发展，单个证券柜台交易市场互相联结形成多边电子交易网络，这是被称为另类证券交易系统（ATS）的一种证券交易组织形式；大型券商的证券柜台市场往往就是场外电子交易平台或 ATS，比如野村的 Instinet、高盛的 SIGMA-X 和摩根大通的 JP Morgan Markets 等。本节分析多边电子交易网络对信息效率的影响。

一、交易组织：单边和多边电子化交易平台

交易组织是指交易者如何构成和市场如何组织。交易者构成主要从交易者的禀赋和需求等考察交易者异质性。市场组织指市场竞争状态（竞争，垄断和寡头）。本书主要从市场组织角度分析证券柜台交易市场引入多边交易平台对信息效率的影响。

（一）基于证券柜台交易的多边电子交易网络

证券柜台交易市场的多边交易平台一般是另类证券交易系统。另类证券交易系统是单个证券柜台市场相互联结形成的交易网络，其在 SEC 注册为证券经纪商。ATS 按交易组织主要有两种模式：一类是交易商/客户（Dealer/Customer）交易系统，即传统的具备做市商机制的证券柜台市场；另一类为交易商间（Inter-Dealer）机构间市场，作为证券柜台市场和机构投资者之间的链接，主要为大交易商之间提供机构间的金融产品交易服务。

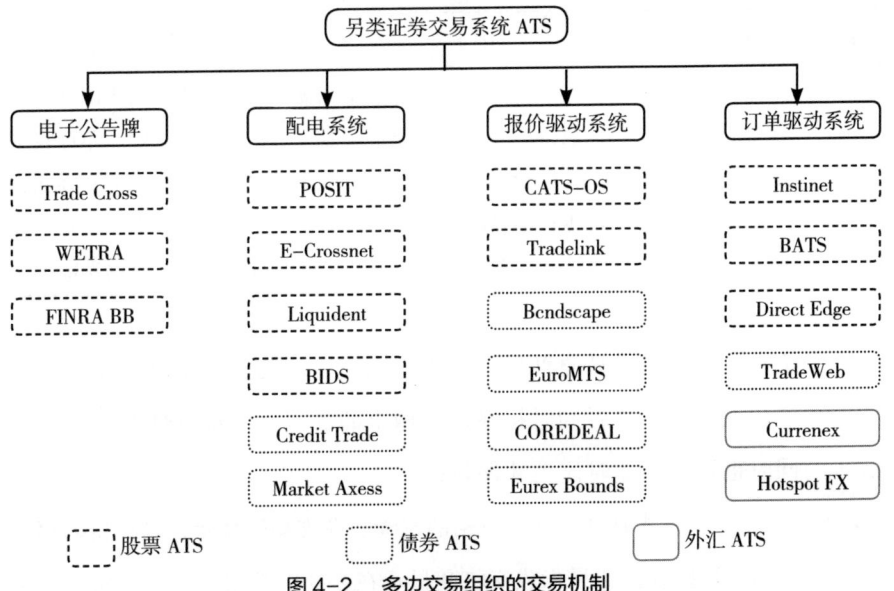

图 4-2 多边交易组织的交易机制

多边电子交易网络的发展初期只是报价系统，缺乏订单分派和交易的功能；现在已发展成为包含公告牌（Bulletin Board；BB）、配对系统（Crossing System）、报价驱动系统（Quote-driven System）和订单驱动系统（Order-driven System）的全网络交易系统。其交易组织灵活多样，既有传统具备价格发现机制的报价驱动系统和订单驱动系统，又发展了仅具交易撮合功能的配对系统，还有只有价格公示功能的电子公告牌。

多边交易网络的交易组织有两个特点：其一是多边交易的市场结构，其二是按投资者能力进行市场分层。

1. 多边交易的市场结构

2004年欧盟发布的《金融工具市场指令》便将另类交易系统界定为"多边交易设施"（Multilateral Trading System），并将其定义为"由一个投资公司或一个市场运营者运行的多边系统，这个系统能按照非任意交易规则来集合多方投资者金融工具的买卖利益，并最终以这种方式达成交易合同"。因此场外交易网络在交易组织上体现了非常明显的多边竞争性交易平台的特色。表4-3总结了多边电子交易网络的主要特征。

表4-3 多边电子交易网络的主要特征

客户群	交易品种	注册为ECN的条件	交易机制	交易特征
机构/合格投资人做市商经纪商	交易所所有类型证券，非上市非公开证券	1）自动撮合，按客户指令执行； 2）连续竞价机制，设有限价订单簿； 3）价格信息持续公布	可由市场做市商来提供报价和维系流动性（比如部分欧洲多边交易系统），也可由订单驱动（大部分美国的ECN）	大大降低交易成本；不存在买卖价差；委托指令有匿名性；盘后交易功能

多边交易网络将多家交易商置身于竞争环境当中，既保持了交易商作为做市商的传统角色，也赋予交易者同时接触多家做市商的便利，竞争性的报价在降低交易成本的同时也提供了即时流动性保障；并且这种做市商－客户（Multi Dealer-Customer）的多边交易模式有助于交易价格的改善。在交易流程上，其按价格第一、时间第二的原则进行撮合；如果未成交将其显示在委托汇总报告中，并将最优限价

委托传送到 NASDAQ 电子交易公告栏供后续交易。

2. 按投资者能力进行市场分层

市场分层是指按照投资者能力对交易者分层。一般可将资质高的交易者（比如一级交易商、机构投资人等）在 B2B 市场交易，资质低的交易者（比如个人投资人等）仅能参与 B2C 市场交易。交易商间的"机构间市场"即 B2B 市场。机构间市场是批发市场，一般实行订单驱动交易机制，参与机构多为规模大、客户资源丰富的机构；一般市场有头寸调剂功能，比如债券的一级交易商市场、股票的 OTC Link 市场等。虽然 ATS 并非只针对机构间的证券交易，但机构间市场是近年来 ATS 体系发展最快，规模最大的交易体系。比如通过交易商间报价交易系统 OTC Link 完成的场外交易量已经超过总交易量的 95%，基于券商证券柜台的 PORTAL 私募市场联盟也成为私募证券市场的最重要的融资和交易平台。券商间的电子交易平台 ATS 已经成为机构间业务的主要平台，其吸引力主要来自于：

（1）交易不透明。在另类证券交易系统中，任何投资者都可以看到在该系统交易的所有委托情况，包括每个委托单的数量和价格以及这只股票上次的成交情况，但不能看到经纪商的名称和投资者的身份。因此机构投资者可以放心下单，无须担心向市场暴露身份，从而影响交易价格。

（2）成本低廉。低成本是 ATS 最重要的优势。自动化交易除降低系统运营成本和交易延时外，还主要体现在最小报价差幅和冲击成本降低两个方面。大量的研究显示不仅 ECN 自身的报价差幅显著低于传统的做市商市场，在《订单处理规则》出台后 ECN 的低价差甚至带动了交易所市场的价差下滑。1996 年到 2000 年，ECN 造成的激烈竞争迫使 NASDAQ 的平均报价价差降低了 50%。而 ATS 还能有效降低投资者尤其是大额交易的冲击成本。另类证券交易经纪商 Instinet 就曾在其网站上宣布，与传统的交易方式相比，其因交易执行价格改善和交易成本下降，每年为全球投资者节省了数十亿美元。

（二）多边电子交易网络对证券柜台交易市场的影响

根据美国证券法的界定，多边电子化交易平台是指"广泛向第三方传播交易所 /

做市商或证券柜台市场做市商输入的委托指令信息,并全部或部分地执行这些委托的电子化系统"。因此多边交易平台的实质是一个证券柜台互联的交易网络。它凭借交易成本低、交易品种丰富、闭市后交易、匿名交易和治理结构合理等优势,满足了机构投资者降低成本的需要,成为极具竞争力的交易平台,其对于证券柜台交易市场的发展也产生了巨大冲击,证券柜台市场结构由单边垄断逐步走向多边竞争,证券柜台市场也开始逐步分层,开辟 B2B 机构间市场。

表 4-4 证券柜台交易市场的不同形态

	传统证券柜台市场 (分散证券柜台市场)	现代证券柜台市场 (集中证券柜台市场)	证券柜台互联网络 (多边电子化证券柜台市场)
概念和组织形式	最原始的证券柜台市场组织形式,采用电话询价的双边交易模式;每一个证券商都可组织交易证券柜台,众多交易证券柜台组成证券柜台市场	做市商报价集中到网络平台,再分散发送给客户指定做市商,再由各做市商分散自主成交	证券柜台市场间以电子通信系统联成交易网络,维持做市商和交易者的广泛联系;证券柜台互联网络可直接交易
市场分层	B2C 市场	B2C 市场	B2B 和 B2C 市场
交易者结构	主要为个人投资者	个人和机构投资者混合	B2B 市场主要为机构投资者,B2C 市场主要为个人投资者
交易特点	分散报价-分散路由-分散成交-分散反馈	集中报价-半分散路由-分散成交-集中反馈	集中报价-半分散路由-集中成交-集中反馈(B2B 市场)
交易模式	询价交易为主;做市商垄断订单流信息,因而做市商有对订单的控制和成交权	询价和报价结合;集中报价提高信息效率,但订单分散控制和分散成交的特点不变	B2B 市场主要撮合配对交易机制或混合交易机制,B2C 市场主要询价/报价交易机制
示例	新三板市场前身"代办股份转让系统"	银行间证券柜台市场,1999 之前伦交所,中国台湾兴柜市场	欧洲 MTS B2B,Tradeweb

多边电子交易网络打破了证券柜台市场之间的分割,为交易者提供了更广的选择空间,其最直接的影响是提升了证券市场的流动性,流动性的提升利于信息更快地融入价格。Biais,Bisiere 和 Spatt(2010)的研究发现 ECN 交易成本仅为传统做市商市场的三分之一,并且降低了整体市场的报价价差(1996 年《订单处理规则》和 1998 年《另类交易系统规则》出台后,NASDAQ 市场报价价差迅速下降了 30%)。Fleming 和 Mizrach(2009)实证分析了主要交易国债的 ECN Broker Tec 的买卖价差。Boot 和 Thakor(1999)认为 ECN 打造经纪商和交易商之间的交易网络,发现 ECN 的市场深度较之早期交易系统有明显改善。

二、多边交易组织下证券柜台市场的信息显示

根据 SEC 的调查报告,2009 年通过 ECN、黑池以及券商间交易系统完成的上市股票交易量占全美交易总量的比重超过 36%,如果将已转变为交易所的 ECN 也计算在内这一数字则已经接近 60%。基于证券柜台的多边电子交易网络已经成为和交易所分庭抗礼的交易平台。本节以代表性的 OTC-Link 和 PORTAL 交易联盟为例,分析多边交易网络的交易组织,以及其提升信息效率的机制。

(一)交易商间报价系统——OTC Link 的交易组织

OTC Link 是场外交易龙头 OTC Market Group 设立的交易商间报价交易系统,其在 SEC 注册为 ATS。在 NASDAQ 逐渐交易所化以后,OTC Market Group 逐渐取代 OTCBB 成为非上市公司最主要的场外交易平台。其具备了从报价、议价、交易执行和交易后报告的全交易流程功能,较之 OTCBB 系统议价磋商和交易执行仍需通过做市商的电话先进很多。目前通过 OTC Link 完成的交易量占场外总交易量比重已经超过 95%。

OTC Link 交易网络主要交易的是非上市公司股票,其定位类似我国新三板市场,即非上市公众公司全国性的挂牌和交易平台。OTC Link 本身也按信息披露程度分层:质量最高的 OTCQX,交易符合上市条件但不愿履行 SEC 报告义务的公司;第

二层次 OTCQB，主要交易向 SEC 注册并履行报告义务的公司；第三层次 OTC Pink，主要交易非上市公司。OTC Link 作为交易商间的报价联通网络，联结着 OTC Market group 旗下几千家交易商（经纪商），因此其实质为基于证券柜台的多边交易网络。图 4-4 简要描述了 OTC Link 的交易组织。

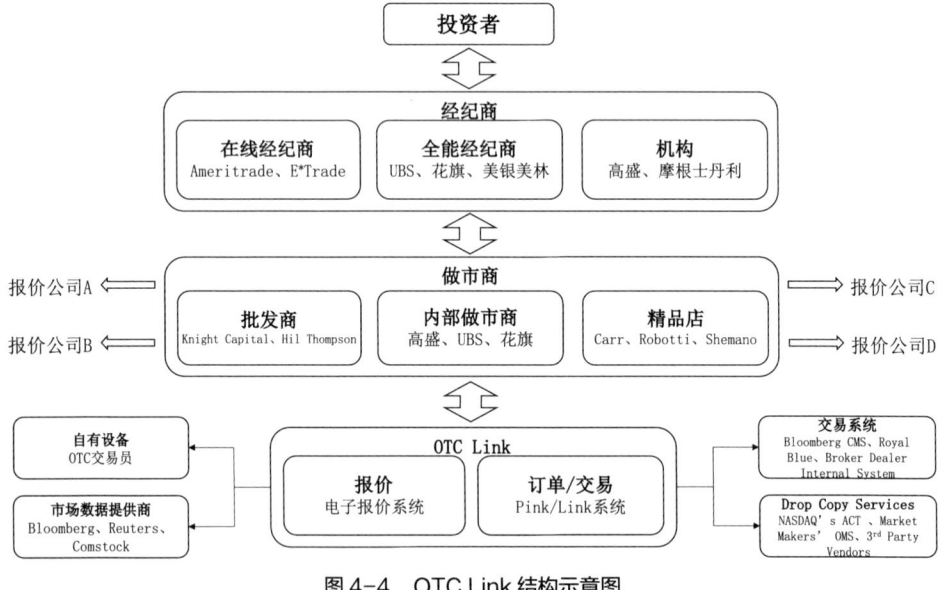

图 4-4　OTC Link 结构示意图

OTC link 实质构成了一个证券柜台交易市场的信息网络，在此基础上形成了一个机构间的多边交易平台。经纪商和交易商能通过该网络对任何符合 SEC 规则的证券进行报价，OTC Market Group 作为经纪商则为各机构提供报价输入、查询、订单分派、交易和交易后自动报告等服务；除了报价功能，OTC Link 还具有订单分派和交易的功能。但是有必要强调，OTC Link 仅定位于做市商/交易商之间的联通网络，并不与被报价公司发生直接联系，做市商仍是交易中介，OTC Link 起到的是联通网络和交易分派的作用。

（二）限制性证券转售市场——PORTAL 联盟的交易组织

PORTAL 市场全称为"全美证券商协会私募发行、再销售、交易与自动清算、交割系统"，为SEC专门为私募的限制性证券设置的转售市场，意在提高私募证券市场的流动性和信息效率。PORTAL市场是近年来发展最快的证券市场之一：2006年美国公司通过私募限制性证券总募资额超过了全美证券交易所（AMEX）、纽约交易所和NASDAQ三大交易所募资的总和。

PORTAL市场的交易组织有如下特点：第一，PORTAL市场是基于证券柜台的多边交易平台，其源起于高盛等多家投行的协议，将各自的证券柜台市场联结成一个统一的私募证券市场——PORTAL Alliance（Portal联盟）；第二，PORTAL只交易144A证券。其交易规则基于SEC的144A条款，因144A条款允许私募股票在授权投资者之间自由交易，豁免于私募证券交易时间间隔的限制。因而PORTAL市场定位为"144A证券集中竞价交易系统……意在提高私募发行市场的效率和透明度，并且以为之前分散的市场带来更好的流动性"。

从信息显示的角度来看，同GSTrUE[①]等券商证券柜台市场一样，PORTAL也是一个封闭的非公开市场，仅对交易商（dealers）、经纪商（brokers）和符合PORTAL资格要求的合格投资人（QIB）开放，NASDAQ的会员可申请注册为"PORTAL经纪商"和"PORTAL交易商"，前者只能替客户交易，后者还可以进行自营交易。经纪商或交易商可在PORTAL市场进行单边或双边报价，报价既可公开也可隐匿。但PORTAL市场通常的报价都是指示性的，真正的成交价格还是以和PORTAL经纪商或交易商的议价为准，这也体现了PORTAL的证券柜台交易特色：如果报价是隐匿状态，交易对手方的基本信息将在议价阶段时才向对方进行揭示。并且PORTAL禁止市场参与者将市场上的任何信息，包括报价、交易和其他在PORTAL市场揭示的相关信息透露给非PORTAL市场参与人，这保证了交易的私密性。

在PORTAL市场出现之前，限制性证券的转售主要通过发行人和投资者直接议

---

① GSTrUE（Goldman Sachs Tradable Unregistered Equity system），高盛于2007年5月推出的非注册证券交易平台，该系统通过彭博的终端接触机构投资者，并且提供挂牌证券的买卖报价以及收盘价格。挂牌的公司需要向投资者披露季度、年度以及与重大事件有关的财务报告。高盛会为机构交易者提供流动性支持，而挂牌公司的承销商还可以担任做市商。

价交易，没有任何集中报价或交易比较系统（centralized quotation or trade comparison system）。PORTAL 市场的出现联通了原本碎片化市场，提升了限制性证券市场的信息效率，PORTAL 转向以网络为基础的模式，由此被称为"华尔街数十年来最重要的发展"。这足以说明多边证券柜台交易网络对证券交易市场的巨大冲击。

（三）多边交易组织的信息显示机制

多边交易网络对信息效率的改善作用明显。Huang（2001）比较了 ECNs 和 NASDAQ 交易商报价的质量，结果发现 ECNs 的价差更小，并且存在更加频繁的再报价。Barclay、Hendershott 和 McCormick（2001）进一步比较了做市商和 ECN 交易的执行质量，ECN 交易报价的已实现有效价差（realized effective spread）更小，甚至 ECN 交易比做市商交易的信息量更大。Huang（2002）还发现相比传统的做市商报价，ECN 报价的信息含量更高。

对于多边交易网络的信息显示机制和信息效率，现有文献主要从买卖价差、市场深度、信息效率和价格发现能力等方面来展开讨论。诸如 Huang（2000），Hendershott 和 Mendelson（2000），Domowitz（2001），Weston（2000），Benhamou 和 Serval（2000），Domowitz、Glen 和 Madhavan（2001）以及 Domowitz 和 Steil（1999）等。主要从三个方面探讨：第一，多边交易网络改善市场流动性。Huang（2002）检验 NASDAQ 在报价规则改变引入 ECN 报价后的影响时发现，ECN 的加入不但提升了市场流动性，还降低了 19% 的交易成本，使得信息显示更加便利。第二，多边交易平台的竞争效应。李迅雷（2012）提出多边交易网络事实上提供了一个和交易所竞争的信息充分的替代性交易平台，交易商之间的竞争可以减轻做市商市场上的信息不对称，其以更低的报价价差和更高的市场深度和执行效率改善了市场质量（Flink, 2006），有利于实现信息更快地显示。第三，多边交易网络提升信息显示质量。Huang（2002）认为 ECN 实际上是在 NASDAQ 内部建立了一个小市场，由于 ECN 无需特别指定做市商且能够直接对客户订单实施配对，吸引了大量订单；Barclay、Hendershott 和 McCormick（2003）认为 ECN 在交易执行速度和隐匿性方面的优势能够吸引大量知情交易者参与交易，这将客观提升交易价格的信息蕴含量。Simman、

Weaver 和 Whitcomb（2003）检验了 ECN 报价和 NASDAQ 报价，显示 ECN 在报价价差选择方面比 NASDAQ 更具优势，即便市场大幅走低，依然能够为市场提供更快报价，并且平均报价价差更低。下小节将建模分析单边和多边交易组织下证券柜台交易的信息显示，描述多边交易组织如何提升信息蕴含量，由此提高信息效率。

三、不同交易组织下证券柜台市场的信息显示模型

上文分析做市商交易机制下，证券柜台市场通过交易者的动态报价显示信息；知情交易人的报价调整幅度 λ_n 可反映信息显示的难度，λ_n 越大，信息显示越难。本节引入知情交易人的价格方差 Σ_n 用以衡量证券柜台交易信息显示的充分度，Σ_n 越小，报价越接近真实的资产价格，则信息显示越充分。以 Kyle（1985）单个知情交易者的均衡博弈模型为基础，引入多个知情交易者的博弈，通过对比单边和多边交易平台下证券柜台市场的信息效率，检验多个知情交易者组成的证券柜台交易网络如何改善信息效率。Kyle（1985）考察了单个知情交易者博弈均衡下证券柜台市场的信息显示，由式 4-1 至 4-3 的分析可得：

做市商的后验方差为　　　$\Sigma_1 = \frac{1}{2} \Sigma_0$

知情交易者最优交易量为　　$x(v) = \beta(v - p_0)$

市场深度为　　$\lambda_n = \frac{1}{2} \left(\frac{\sigma_u^2}{\sigma_0} \right)^{-\frac{1}{2}}$

由模型可见单个知情交易者在近乎完全垄断的信息环境下，λ_n 恒量，Σ_n 线形缓慢衰减。下面我们修正 Kyle（1985）模型，考察多个知情交易者均衡博弈下的信息效率。

（一）模型修正

本模型借鉴 Holden 和 Subramhanyam（1992）多时期序贯拍卖的分析框架扩展 Kyle（1985）模型，考察多个知情交易者的证券柜台市场均衡。其中知情交易者同质，均为风险厌恶且拥有相同的私人信息。随着知情交易者的数目趋向无穷大，知情交易者的策略更具竞争性，所有信息都会在第一次拍卖中揭示出来，开盘时的市场深度和期望的知情交易量都会趋向于无穷大，第一个成交价格接近于资产的真实

价值，信息近似充分显示。

首先证券经历了从 $t=0$ 到 $t=1$ 时期的 N 次序贯拍卖，其资产服从 $V \sim [p_0, \Sigma_0]$ 的正态分布。市场主要由三类交易者组成。

（1）知情交易人：i 个，$i=1, \cdots, M$；Δx_{in} 表示第 i 个知情交易者第 n 次拍卖的订单信息；Δx_n 表示第 n 次拍卖所有知情交易者订单信息加总；π_{in} 表示第 i 个知情交易者从 $n, \cdots N$ 的未来拍卖的预期收益；交易动机包括知情交易和对冲交易，其指令提交策略依赖于私人信息。

（2）噪声交易人：Δu_n 表示第 n 次拍卖所有噪声交易者的订单信息加总；Δu_n 时间序列不相关，且服从正态分布 $\Delta u_n \sim [0, \sigma_u^2 \Delta t_n]$，其中 Δt_n 表示第 n 次拍卖和之前拍卖的时间间隔。

（3）做市商：吸收订单流并促成交易。因为做市商的完全竞争使得其预期收益为零，做市商竞争实质是伯川德（Bertrand）博弈。每次拍卖，做市商仅观察到订单信息流的加总 $\Delta x_{in} + \Delta u_n$，其据此制定第 n 次拍卖的价格 p_n。设定市场均衡（即完全信息显示）的条件为：做市商出价 p_n 等于拍卖时其信息分布下的预期资产价值 v，此时每个知情交易者都依靠自身信息条件选择最佳交易策略，获得收益最大化。

交易程序：每个风险中性的知情交易人猜测其他知情交易人的策略，并相应更新其信念和优化交易策略，以最大化其预期收益。在理性预期均衡的框架下，引入 Kyle（1985）对市场质量参数：λ_n 反映信息显示的难度，即为反映订单流新信息所需的价格调整幅度；Σ_n 为资产价值 v 的后验方差，代表未显示私人信息数量；$E[\Delta x_n | v]$ 为知情交易者期望交易量，代表知情交易人在第 n 次拍卖时的期望交易量的加总。

（二）博弈均衡

1. 模型构建

考虑知情交易者先行的交易博弈，知情交易者和噪声交易者先行，他们的订单被累计到一个限价订单表里，提供给风险中性的做市商。做市商观察到价格 p 的函数的限价订单表 $L(.)$，并有效制定价格 $p = E[\theta | L(.)]$。有效价格（零期望利润）由风险中性的做市商间的伯川德竞争得出，这些做市商均能观察到限价订单表，具

有相同的信息结构；风险厌恶表明交易人只有具有信息优势时才愿意交易和持有风险资产。博弈进程中知情交易者的期望交易量 $E[\Delta x_n|v]$，交易价格调整 Δp_n，市场深度 λ_n 和价格的后验方差 Σ_n 关系可用以下方程表达：

$$\Delta X_n = M\beta_n(v-p_{n-1})\Delta t_n \tag{4-5}$$

$$\Delta P_n = \lambda_n(\Delta X_n + \Delta u_n) \tag{4-6}$$

$$\Sigma_n = \mathrm{var}(v|\Delta x_1 + \Delta u_1, \cdots, \Delta X_n + \Delta u_n) \tag{4-7}$$

$$E(\Pi_n|p_1, \cdots, p_{n-1}, v) = \alpha_{n-1}(v-p_{n-1})^2 + \theta_{n-1} \tag{4-8}$$

2. 均衡分析

此模型描述了由多个知情交易者、噪声交易者和不同类型的做市商组成的完全竞争的证券柜台市场。采用求解需求计划的线性贝叶斯均衡，步骤如下：第一步，利用市场出清条件猜测一个使用所有交易者的线性策略；第二步，利用此策略更新关于 V 的信念；第三步，计算知情和不知情交易者的资产需求；第四步，价格猜测得到证实。可证上述微分方程存在唯一的线性均衡解 α_n, β_n, θ_n, λ_n 和 Σ_n 如下：

$$\alpha_n = \frac{1-\alpha_{n+1}\lambda_{n+1}}{\lambda_{n+1}[M(1-2\alpha_{n+1}\lambda_{n+1})+1]^2} \tag{4-9}$$

$$\beta_n \Delta t_n = \frac{1-2\alpha_n\lambda_n}{\lambda_n[M(1-2\alpha_n\lambda_n)+1]^2} \tag{4-10}$$

$$\lambda_n = \frac{M\beta_n \Sigma_n}{\sigma_u^2} \tag{4-11}$$

$$\Sigma_{n+1} = (1-M\beta_{n+1}\lambda_{n+1}\Delta t_{n+1})\Sigma_n \tag{4-12}$$

对于拍卖 $n=1, \cdots, N-1$ 满足以下约束条件：

$$\alpha_n = 0 \tag{4-13}$$

$$\beta_N \Delta t_N = \frac{1}{\lambda_N[M+1]} \tag{4-14}$$

$$\lambda_N = \frac{1}{\sigma_u}\left[\frac{M\Sigma_n}{(M+1)\Delta t_n}\right]^{\frac{1}{2}} \tag{4-15}$$

在第 N 次和最后一次拍卖，满足以下条件：

$$\Sigma_1 = (1-M\beta_1\lambda_1\Delta t_n)\Sigma_0 \tag{4-16}$$

在第一次拍卖对于给定 Σ_0，对于所有拍卖 $n=1, \cdots, N$，满足二阶导数条件：

$$\lambda_n = (1-\alpha_n\lambda_n) > 0 \tag{4-17}$$

对于所有拍卖 $n=1,\cdots,N$，令 $\delta_N=0$，常量 δ_n 在每次拍卖运用以下微分方程求解：

$$\delta_{n-1} = \delta_n + \alpha_n\lambda_n^2\sigma_u^2\Delta t_n \tag{4-18}$$

证明：令 x_{in} 和 π_{in} 代表第 n 次拍卖某个知情交易者的信息流和利润，当信息对称时做市商采用线性定价，对于每一个知情交易者而言，唯一可能的均衡是采取同样的策略，因此可将 x_{in} 和 π_{in} 的下标 i 取消，采用倒推法。对于常量 α_n 和 δ_n，令 $E(\pi_{n+1}|p_1,\cdots,p_n,v) = \alpha_n(v-p_n)^2+\delta_n$，存在

$$E(\pi_{n+1}|p_1\cdots p_n|,v) = \max_{\Delta x} E\{(v-p_n)\Delta x + \alpha_n(v-p_n)^2+\delta_n|p_1,\cdots,p_n,v|\} \tag{4-19}$$

线性均衡存在时有

$$p_n = p_{n-1}+\lambda_n(\Delta x_n + \Delta u_n)+h \tag{4-20}$$

其中 h 为线形函数 $\Delta X_1+\Delta u_1\cdots,\Delta X_{n-1}+\Delta u_{n-1}$，令 $\Delta X_n = \Delta x+(M-1)\Delta\bar{x}_n$，$\Delta\bar{x}_n$ 代表知情交易者对其他知情交易者策略的推测。将式 4-16 代入式 4-15 得到条件预期方程：

$$E(\pi_{n+1}|p_1,\cdots,p_n,v) = \max\{[v-p_{n-1}-\lambda_n(\Delta x+(M-1)\Delta\bar{x}_n)-h]\Delta x + \alpha_n(v-p_{n-1}-\lambda_n(\Delta x+(M-1)\Delta\bar{x}_n)-h)^2 + \alpha_n\lambda_n^2\sigma_u^2\Delta t_n+\delta_n\} \tag{4-21}$$

求解上式的最大化问题可得 Δx，以 Δx 代表 Δx_n 即有

$$\Delta x_n = \frac{(v-p_{n-1}-h-\lambda_n(M-1)\Delta\bar{x}_n)[1-2\alpha_n\lambda_n]}{2\lambda_n(1-2\alpha_n\lambda_n)} \tag{4-22}$$

为求解以上均衡，令 $\Delta\bar{x}_n = \Delta x_n$，可得：

$$\Delta x_n = (v-p_{n-1}-h)\frac{1-2\alpha_n\lambda_n}{\lambda_n[M(1-2\alpha_n\lambda_n)+1]} \tag{4-23}$$

式 4-17 提供了上式的二阶充分条件，为论证 $h=0$，首先有

$$E\{\Delta p_n|\Delta x_1+\Delta u_1,\cdots,\Delta x_{n-1}+\Delta u_{n-1}\}=0$$

而由式 4-20 可得：

$$E\{\Delta p_n|\Delta x_1+\Delta u_1,\cdots,\Delta x_{n-1}+\Delta u_{n-1}\} = \frac{h}{2[1-\alpha_n\lambda_n+(M-1)(1-2\alpha_n\lambda_n)]}$$

因此可得 $h=0$。由式 4-19 可得式 4-6，由式 4-5 可得式 4-14。

市场有效意味着 λ 为指令流 $\Delta x_n+\Delta u_n$ 在条件 $\Delta x_n+\Delta u_n$，$\Delta x_{n-1}+\Delta u_{n-1}$ 下价值 v 的存在线性回归系数，可得

$$\lambda_n = \frac{M\beta_u \Sigma_{n-1}}{M^2\beta_n^2 \Sigma_{n-1}\Delta t_n + \sigma_u^2} \tag{4-24}$$

$$\Sigma_n = \frac{\sigma_u^2 \Sigma_{n-1}}{M^2\beta_n^2 \Sigma_{n-1}\Delta t_n + \sigma_u^2} \tag{4-25}$$

由式 4-24 和式 4-25 可得式 4-11 和式 4-12。当交易完整利润为零，可得约束条件 $\alpha_N = \delta_N = 0$。由此可证模型存在如式 4-9 到式 4-17 描述的线性均衡。

3. 线性均衡的表现

市场均衡的表现为：当第一次连续拍卖进行时，市场由于严重地逆向选择而不显示信息，拍卖次数不断加大私人信息才逐渐显示；而在完全竞争的市场情形下，所有信息均在第一次显示，市场接近强有效。

（1）连续拍卖的最后一次拍卖

$$\log_{N \to \infty} \Sigma_{n'} = 0, \quad \log_{N \to \infty} \lambda_{n'} = 0$$

当拍卖次数无限大时，所有信息瞬时完全显示，市场深度（$1/\lambda$）也变得无限大。这和 Kyle（1985）的研究结论"信息收敛的速率和市场深度都为恒定值"结果相反。

（2）连续拍卖的第一次拍卖时

$$\log_{N \to \infty} \lambda_1 = \infty, \quad \log_{N \to \infty} E_0[\Delta x_1 | v] = 0$$

当拍卖次数无限大时，第一次（交易初期）拍卖时因为严重的逆向选择，市场深度（$1/\lambda$）为零，而后随着私人信息逐渐显示，市场深度才变大；同时知情交易者的交易量在初期为零。

（3）完全竞争状态的第一次拍卖时，当拍卖次数 N 不变

$$\log_{M \to \infty} \Sigma_1 = 0, \quad \log_{N \to \infty} P_1 = v$$

$$\log_{M \to \infty} E_0[\Delta x_1 | v] = \infty, \quad \log_{N \to \infty} \lambda_1 = 0$$

当知情交易者的数量无限大时，所有信息都在第一次拍卖时显示，同时市场深度和知情交易者预期交易量都变得无限大，表示随着知情交易者的数量增大，交易竞争性增强（在极限状态为完全竞争状态），市场均衡完全显示私人信息，此时资产价格完全等于其预期的基本价值。

（三）讨论分析

Kyle（1985）的经典模型描述了单个知情交易者在近乎完全垄断证券柜台市场的信息显示：λ_n 恒量，Σ_n 线性缓慢衰减。本模型则描述拥有多个知情交易者的竞争证券柜台市场的信息显示：初期的 λ_n 较之单个知情交易者情形时的更大，随后迅速下降；Σ_n 也迅速下降到零。这说明多个知情交易者的竞争将打破信息垄断，交易者采取更具竞争的交易策略；更多的信息在早期就显示出来，λ_n 和 Σ_n 呈现加速下降，信息效率接近强有效，这和 Kyle（1985）形成了很强的对比。

本模型的经济含义是多个知情交易者的竞争将会加快信息显示：Kyle（1985）证明当市场仅有单个知情交易者，市场深度为常量，市场维持弹性到最后一刻；本模型则证明当市场存在多个知情交易者时，市场深度和紧度均接近极限。因为交易者在不完全的信息环境下将采用纳什均衡的策略，其将充分利用其信息优势，第一次出价即完全显示私人信息，市场在第一次拍卖已形成均衡价格。本模型由此解释了多边交易网络的意义，较之于单个证券柜台市场的信息效率更高。

四、不同交易组织下证券柜台市场信息效率的数据模拟

本节以数字分别模拟多边和单边证券柜台市场信息显示，比较在不同交易组织下证券柜台市场信息效率。首先求解式 4-5 至式 4-8 构建的微分方程，然后通过 mathematica 迭代计算知情交易人的报价调整幅度 λ_n 和价格方差 Σ_n，以此考察信息显示充分度。我们将运用不同的参数值，考察交易者的数量变化对信息效率的影响。

（一）微分方程求解

令 $q_n = \alpha_n \lambda_n$，借鉴 Holden 和 Subramhanyam（1992）的微分方程的解法可给出式 4-9 至式 4-12 的精确解：

$$\Sigma_n = \left(\frac{1}{M(1-2q_n)+1} \right) \Sigma_{n-1} \tag{4-26}$$

$$\lambda_n = \left(\frac{M \Sigma_n (1-2q_n)}{\Delta t_n \sigma_u^2 M[M(1-2q_n)+1]} \right)^{\frac{1}{2}} \tag{4-27}$$

$$\beta_n = \left(\frac{M(1-2q_n)\sigma_u^2}{\sum_n \Delta t_n M[M(1-2q_n)+1]} \right)^{\frac{1}{2}} \quad (4-28)$$

假设 $q_N=0$，根据外生给定的 $\sum_0$ 值向前迭代，可以此得解序列 $\sum_n$，λ_n，β_n。

（二）数字迭代

令 $\sum_0=1$，$\sigma^2=1$，$\Delta t_n=\frac{1}{N}$，$\forall_n$，拍卖次数 $N=20$，将上述数值代入式 4-26 至式 4-28，通过 mathematica 迭代计算知情交易者报价调整幅度 λ_n 和价格方差 $\sum_n$，以此比较交易组织对信息显示充分度的影响。本书选取这两个变量考察信息显示充分度出于如下考虑：随着拍卖的进行，知情交易人之间的博弈令私人信息逐步披露，知情交易人也随之动态调整其报价反映信息的更新，因此其报价调整幅度 λ_n 和价格方差 $\sum_n$ 可反映信息显示的充分度，λ_n 和 $\sum_n$ 越小则报价越接近真实的资产价格，则信息显示越充分。按以上分析，多个知情交易者的博弈竞争将会加快信息显示，由此可通过改变知情交易者数量，观察报价调整幅度 λ_n 和价格方差 $\sum_n$ 的变化幅度，用以衡量私人信息显示的充分度和显示速度。

（三）数字模拟结果

改变知情交易者的数目 M，令 $M=1, 2, 5, 16$，固定拍卖次数 $N=20$，分别得到知情交易者报价调整幅度 λ_n 随时间变化的曲线图（图 4-5），以及知情交易者报价方差 $\sum_n$ 随时间变化的曲线图（图 4-6）。由图可见证券柜台市场在单边和多边市场组织下信息效率差别明显：在单个知情交易者的证券柜台市场，报价调整幅度 λ_{nj} 是一个恒定值，而价格方差 $\sum_n$ 以近乎线形的速度缓慢衰减，市场信息显示不充分；而在多边证券柜台交易市场（知情交易者数目 M 增多），即使交易早期报价调整幅度大于单边市场对应值，其随后也会迅速下降到远小于单边市场对应值，而价格方差 $\sum_n$ 迅速下降到接近零（即报价几乎无偏差），这表明多个知情交易者竞争使得信息显示充分；并且随着知情交易者数目逐渐增多（竞争加剧），知情交易者报价调整幅度 λ_n 和价格方差 $\sum_n$ 加速下降，表明多个知情交易者的证券柜台市场信息显示加快，也验证了知情交易者的增多增大了竞争，导致更多的信息在交易的早期显示。

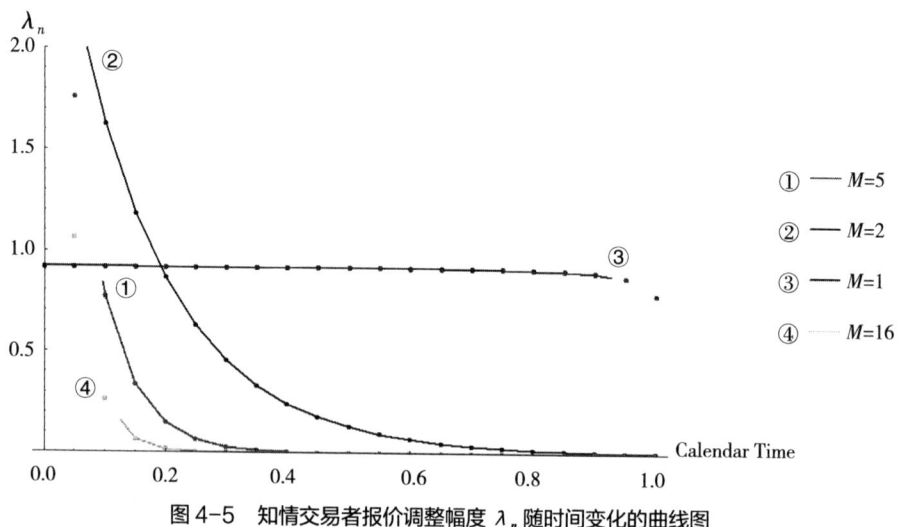

图 4-5　知情交易者报价调整幅度 λ_n 随时间变化的曲线图

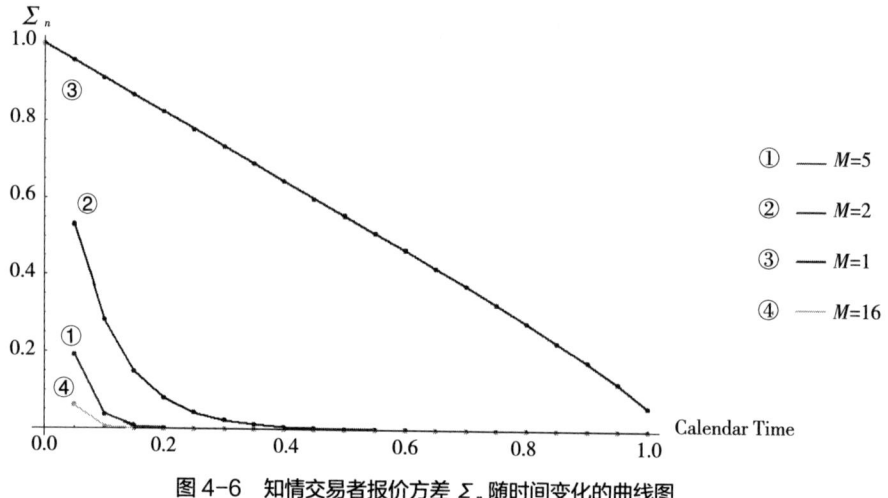

图 4-6　知情交易者报价方差 Σ_n 随时间变化的曲线图

随着拍卖进行，λ_n 和 Σ_n 很快下降到零；同时随着拍卖数量增加，λ_n 和 Σ_n 下降的速率也加快。这是由于不完全竞争导致的不合作的博弈，知情交易者不能合谋（以便利用其信息优势），反而陷入激烈竞争，致使大多数私人信息在早期便揭示出来。同时在初始阶段，当拍卖间的间隔较短时 λ_n 较大，过后迅速降低，显示初始阶段的逆向选择较严重，后期随着信息快速显示，逆向选择变小。

第三节 交易透明度对证券柜台市场信息效率的影响

证券柜台交易市场可设置分层交易透明度：公开交易信息可通过经纪商的交易系统或者财经终端披露，私人交易通过选择性地公开交易后的价格报告机制（比如TRACE）公布，甚至可选择在黑池交易平台保持信息隐匿。本节将检验分层的交易透明度对信息显示和效率的影响。

一、交易透明度：公开和非公开交易平台

根据O'Hara（1995）的定义，市场透明度（market transparency）指市场参与者可观察交易过程信息的能力，信息包括与价格、报价、成交量、指令流来源、交易者身份等；一般可划分为交易前（pre-trade）透明度，交易后（post-trade）透明度和交易匿名性。交易前透明度指在交易执行前市场订单的价格与数量，以及做市商的买卖报价等交易信息的披露情况。交易后透明度指成交后交易情况的公布，包括成交数量和价格等信息。交易匿名性是指交易各方是否向交易对手或其他投资者公开身份。

（一）交易透明度与信息效率

一般认为随着市场透明度的上升，交易者可更迅速获得市场的价格和成交的信息，这有利于信息更快地在市场传播。但完全透明对市场运行并不是最有利的，透明度的上升同时也会损害市场的质量。Flood et al（1999）的实证发现在过于透明的市场中，信息进入市场的速度会下降。Buffa（2014）解释因为透明度过高的市场存在不知情投资者（uninformed traders）的信息"搭便车"问题，知情投资者为了防止

信息泄露，将采取更复杂或隐蔽的交易策略，这会减慢信息进入市场的速度。Flood et.al（1999）实证检验显示若市场过于透明，信息进入市场的速度会下降。由此交易信息的透明度与市场的信息效率非简单的正相关关系。在实际交易中，市场透明度的设置都是分层的，主要体现在是否存在不透明的交易渠道（非公开交易渠道）。

非公开交易可以提升信息效率，主要影响机制有：第一，通过流动性影响信息效率，非公开交易平台一般通过一系列算法交易程序自动为订单进行配对，这极大提高了交易效率和流动性，信息更容易融入市场。第二，通过交易策略影响信息效率。Vega（2006）发现公共信息可能分散交易者的信念，导致价格的调整速度慢，造成公告后盈余缓慢消退（post-earnings announcement drift）；而私人信息不会分散信息交易者的信念，价格调整迅速，不会出现公告后盈余惯性。第三，通过学习影响交易策略，汪炜（2004）认为理性投资者根据信息变化调整预期的过程是学习的过程，理性交易者可利用私人信息和价格信号提高对资产价值的预测精度，由此私人信息和价格信号成为相对于公共信息的额外信息，这种额外信息可令理性投资人获得更精确的预期；Banerjee and Fudenberg（2004）也证实交易人可同时从公共信息和私人信息（观察其他交易人行为）渠道学习，从而证明私人信息渠道对学习的价值。另有研究发现仅存在公共信息渠道可能影响信息效率，Amador and Weill（2008）证明加强公共信息可能使交易人的决策对私人信号的依赖减少，这将减缓信息传播，潜在性地降低社会福利。综上研究，非公开信息渠道的设置利于提升信息效率。

（二）证券柜台交易市场的分层交易透明度

证券柜台交易市场同时包含公开和非公开交易平台（表4-5），这使得其拥有分层的交易透明度。在多边交易平台的竞价机制下，信息可公开显示；而更多的金融产品的证券柜台交易采用询价机制，比如债券、衍生品等，信息仅在交易对手方间显示而不会公众传播。除此以外，证券柜台交易还可选择黑池交易平台保持信息隐匿性。

表4-5 证券柜台市场非公开交易平台分类

交易价格（类型）	举例	典型特征
价格撮合	ITG Posit，Liquidnet，Instinet	经纪商或交易所主办，以交易所中间价或者VWAP成交；或者客户间撮合
不显示的限价交易簿	Credit Suisse Cross_nder, Goldman Sachs Sigma X, Citi Match, Barclays LX, Morgan Stanley MS Pool, UBS PIN	交易商主办，提供部分的价格发现功能，保留专有订单流
电子做市商	Getco，Knight	一般以自营账户交易，高速系统可即时成交或取消订单

资料来源：Zhu Haoxiang. Finding a Good Price in opaque Over-the-Counter Markets［J］.Review of Financial Studies，2012.

黑池交易系统是证券柜台交易市场近年最为成功的非公开交易平台。因其可豁免于ECN有关持续公布价格信息的条例，通常也被称为黑池。从交易透明度的角度看：黑池交易平台的交易前信息透明度较低，并提供匿名交易的服务；但交易后仍必须报告SEC，由此其可实现信息的非公开传递。交易首先在会员之间自动对盘，剩余才连接交易所寻找承接，由于自动对盘的过程由黑池交易平台控制，因此买、卖以及成交价都不需要向交易所及公众披露；同时黑池还禁止系统内客户向系统披露交易信息，所以黑池是一个半封闭的交易平台，其信息传递是公共显示和私人渠道共存的，这和交易所市场仅存在公共渠道、信息强制披露形成了鲜明对比。

以黑池为代表的非公开交易平台试图寻求信息透明度的适当平衡，其特点是私人信息和公开信息渠道并存。首先，黑池交易不对外公布其订单信息，交易也几乎局限于黑池内部，因而保证了交易过程的信息保密性；同时，黑池交易仍维持公开信息渠道，其交易平台会跟踪某主要的交易所市场，参考报价也以标的资产在该公开市场的报价为基础确定。黑池交易的最大特点是其良好的隐匿性：黑池无须公布投资者身份及其委托单信息，也不用将委托单在集中平台公示，只需在成交后向主管机构进行申报；交易平台的资讯不透明，机构投资者的交易策略和持股状态不易被其他投资者所知悉；同时其证券柜台交易的性质也无需像传统交易商一样承担上市审核和市场监视等责任。

二、分层交易透明度下证券柜台市场的信息显示

Gilson 和 Kraakman（1983）根据信息透明度和传递渠道的差异，分析了金融市场的三种信息显示机制：大众知情交易（Universally Informed Trading），专业知情交易（Professional Informed Trading），派生知情交易（Derivatively Informed Trading）。每个机制作用于特定的信息集，信息成本和效率均各不相同。本节应用其原理分析证券柜台交易市场的信息显示。

（一）不同交易透明度下的信息显示机制

按 Fama 有效市场的信息集的分类方法，可将证券柜台交易市场的信息分为三类：历史信息、公共信息和私人信息。三类信息集在交易过程的透明度各异，因而信息显示机制也各不相同。

（1）大众知情交易：作用于所有的广泛传播的信息，包括历史信息，此时市场弱式有效。

（2）专业知情交易：作用于所有公开信息，信息集分布于小部分专业的交易者，此时市场半强式有效。

（3）派生知情交易：仅作用于极少数人（内部人、市场专家）才能接触到的关键信息，即存在私人信息，市场强式有效。

（二）证券柜台市场的信息显示机制

证券柜台交易市场存在着三种信息显示机制，主要特点有：首先，一个时点只有一个信息显示机制运作；第二，采取何种信息显示机制取决于初始信息的分布；第三，每种信息显示机制效率各异，而效率高低取决于触发此机制的信息分布，若信息集初始分布较宽，价格对新信息的反应速度就较快。因此根据初始信息集分布，可将这三种信息显示机制排列于一个"可得信息"的连续轴解释信息效率的差异，

描述弱、强、半强三种类别有效市场是如何形成的。

表4-6　证券市场的不同信息显示机制

传统市场有效性分类	弱式有效	半强式有效	强式有效
信息的反应速度		快　←――――→　慢	
信息在交易者的初始分布		宽　←――――→　窄	
信息显示机制	大众知情交易	专业知情交易	派生知情交易

表4-6展现了分层透明度下证券柜台市场的三种信息显示机制。派生知情描述的是非公开交易下的信息显示机制，信息在小圈子内部完全揭示，市场强式有效；但因信息分布窄，信息显示的路径迂回，信息成本也较高。因此非公开交易下虽然信息成本较高，但信息质量也较高。

（三）证券柜台交易市场的信息成本

如第一章第四节所述，信息传导包括信息披露、传递和显示三个环节，任何一个环节都需时间和资源投入，因而信息传导是有成本的：在信息披露环节，信息源需信息生产成本，信息接收者则有信息获取成本。在信息传递环节，金融中介或交易者对信息加工和扩散将产生成本。在信息显示环节有交易和信息确认成本，而信息确认成本也针对信息源和接收者而有所区分：信息产生者需判定信息的准确性，其成本为人力资本投资；而信息接收者需判定信息源的诚实性，排除动机误报或隐瞒信息的可能性，其成本为第三方检测或者绑定利益的费用。表4-7展现了不同市场有效性下的信息成本。

证券柜台交易市场因含有私人信息，三类信息成本都偏高：因监控成本昂贵，使得信息获取成本高；因难以采用合作或开源的方式处理私人信息，从而难以实现规模经济，导致信息传递成本高；另外信息显示环节对信息源的确认成本也往往较高。有效市场理论下的市场可以及时显示信息，但信息显示的过程很复杂，当信息成本过高时信息显示机制其实是低效的。樊纲（1995）指出："有效率的信息完全程度，是指当获得一定信息增量所能带来的收益与为获取这一信息增量而付出的成本正相抵消时所实现的信息完全程度。"

表4-7　不同有效市场下的市场信息成本

有效市场分类	弱式有效市场	半强式有效市场			强式有效市场
信息披露	财经媒体	信息中介	集体收集，公众渠道	集体收集，私人渠道	监视/调查/商业间谍
信息传递	财经媒体	规模效应/范围效应（信息中介/第三方专家）			单独人力资本/设施投资
信息确认	声誉（事先投资）	集体信号机制（民事或刑事惩罚）	卖方信号（绑定/抵押/保证函）	金融中介；信息中介（评级机构）	买方确认（买方使用专家）

（四）不同的交易透明度下证券柜台市场的信息效率

Gilson & Kraaakman（1983）认为信息成本对信息效率影响较大。因为信息成本不仅仅决定了证券的信息含量，还支配信息在交易者之间的分布，正是信息分布决定了相应的信息显示机制。表4-8分析了证券柜台市场的信息显示机制和信息效率。

表4-8　不同交易透明度下的信息显示机制

有效市场分类	弱式有效市场	半强式有效市场	强式有效市场
运营效率	高 ←	→	低
信息在交易商间的初始分布	宽 ←	→	窄
信息显示机制	大众知情交易	专业知情交易	派生知情交易

第一，Fama强式有效市场对应私人信息渠道，市场能显示私人信息，采取派生知情信息显示机制。其位于信息成本轴的右侧，价格可充分显示信息；但信息的发起人将力阻信息散布，其信息成本偏高。第二，Fama半强式有效市场对应公开信息

渠道，不可显示私人信息，但可显示所有公开信息，采取专业知情信息显示机制。其位于信息成本轴的中段，信息初始分布较派生机制下分布更广，信息成本也有所降低（成本降低的做法包括：通过机构的专业操作降低信息获取成本，依靠信息中介降低信息加工成本；此外通过与信息生产者的合作，依靠更节约成本的验证技术，比如抵押/保证函等以及对诸如评级机构等金融中介的运用降低信息验证成本）。第三，Fama 的弱式有效市场对应公开信息渠道，但只能显示历史信息，采取的是大众知情信息显示机制，其位于信息成本轴的左侧，价格不能完全显示信息；而这种机制下因信息的获取，传递和显示成本都较低（此状态下由交易所提供常规信息服务，信息通常是市场交易的副产品，财经媒体提供低成本的信息显示服务），因而信息成本也最低。

由上分析可知，证券柜台交易市场的私人信息渠道可实现完全信息显示：其通过派生知情的信息传导机制，做市商报价可显示所有可获得的私人信息和公共信息；但此显示机制下的信息显示速度较慢，信息成本较高。这跟 Theissen（2000）的实证研究相符，他指出虽然做市商市场的交易成本较高，但价格的信息质量也很高。

三、不同交易透明度下证券柜台市场的信息显示模型

本节扩展 Duffie, Malamud 和 Manso（2010）关于后验信念收敛速率的模型以描述不同交易透明度下证券柜台市场的信息显示速率。Duffie, Malamud 和 Manso（2009）验证了在私人拍卖环境里，交易人通过学习私人信息，其后验信念可收敛到完全信息显示；假设私人信息显示的强度服从泊松分布，则交易人后验信念的收敛速率等于私人信息显示强度。按前文所述，证券柜台市场可设置不同交易透明度，即公开和非公开交易平台并存，因而市场同时有公共和私人信息渠道。假设交易方的后验信念可逐步收敛到完全信息显示，模型刻画了交易人在分别在两个交易平台的学习，比较其后验信念收敛速率在不同交易透明度下的表现：存在非公开交易平台时，后验信念收敛速率是公众信息和私人信息显示强度之和；但是如果不存在非公开交易平台，后验信息的收敛速率将远低于原公众信息显示强度，由此证明了证券柜台市

场设置非公开交易平台可加快信息显示。

(一)证券柜台市场非公开交易的信息显示模型

Duffie, Malamud 和 Manso(2009)建模刻画了非公开交易时,证券柜台市场交易人的后验信念收敛过程:假定证券柜台市场的交易方随机分布,且各自信息非对称;双边交易时互换私人信息,随之更新其后验信念,后验信念将在学习中收敛到完全信息显示,收敛速率为私人信息显示的强度,也即交易的强度。

1. 模型设定

某连续交易方的固有信息禀赋为随机变量 X,且各交易方信息禀赋独立;假设所有交易方都服从初始信息分布 μ_0,且各交易方初始信息分布对称。若每个交易方随机遇到其他交易方,相遇过程服从强度为 λ 的泊松分布;相遇的交易方通过询价向对方显示其私人信息,交易方的出价反映了其后验信念的分布,此分布由其信息禀赋和交易前学习的结果决定。

2. 私人信息显示模型

令 $h(m,t)$ 代表 t 时刻无公共信息渠道时私人信息空间的概率分布,事件 $\{X=H\}$ 和事件 $\{X=L\}$;令 μ 为空间概率量度的一个随机过程,$\mu_T(A)$ 代表 t 时刻的后验信息集 A,我们运用 Duffie, Giroux 和 Manso(2009)的方法构建 $\mu_T=\Gamma(h(\mu_0,t),Z_{n-1}+(Z_n-Z_{n-1})=\Gamma(h(\mu_0,t),Z_n)$,并以此计算后验信念的分布 F_t 及其收敛速率。

定义 F_t 表示事件 $\{X=H\}$ 时的累计分布函数,$F_H(t)$,$F_t(P)=P(P_H(t)\leq P|X=H)$,$p\in[0,1]$。随着时间推移,交易人吸收的信息增多,$F_t$ 收敛至累积分布函数 F_∞(即完全信息),代表 $\{X=H\}$ 状态所有后验信念分布为 1:可表示为 $p<1$ 时,$F_\infty(p)=0$,$F_\infty(1)=1$。考虑到每个信念分布都是一对一的,可利用 t 时刻任意随机变量 X 的条件分布 V_t 计算 $\{X=H\}$ 后验信念的分布 F_t:

$$F_t(P)=V_t\left(-\infty,\log\frac{p}{(1-p)}-\log\frac{p_H}{p_L}\right) \quad (4-29)$$

$\alpha_t=h(\mu_0,t)$ 描述无公共信息披露时的信念分布,是满足下列微分方程 4-30 的私人信息显示速率的条件分布,其计算的是数量恒定的 L 个经济人交换信息时得到

的私人信息分布，满足

$$\frac{\mathrm{d}\alpha_t}{\mathrm{d}t}=\lambda\left(\sum_{i=2}^{\infty}q_1\alpha_t^{*1}-\alpha_t\right),\alpha_0=\mu_0 \tag{4-30}$$

此模型说明没有公共信息显示时，α_t 将以 λ 的速率收敛到完全信息显示。

（二）模型扩展：公开－非公开交易的信息显示模型

本节将在非公开交易的信息显示模型下加入公众信息渠道的影响，刻画证券柜台市场公开－非公开交易平台共存时的信息显示；并和仅有公共信息渠道的模式对比，通过不同交易透明度下后验信息收敛速率的比较，考察非公开交易平台的存在意义。

1. 模型设定

公众信息每年以 η 的平均速率随机显示。令公共信息显示过程服从泊松分布 $\eta>0$，根据公式 4-31 和泊松分布的特性，得到如下结果：在时刻 t 的公共和私人信息联合分布 $V_t=\alpha_t\times\beta_t$；如上所述 $\alpha_t=h(\mu_0,t)$，满足微分方程式 4-30。

β_t 为满足下列微分方程式 4-31 的条件分布，

$$\frac{\mathrm{d}\alpha_t}{\mathrm{d}t}=-\eta\beta_t+\eta\beta_t\times\sum_{k=1}^{\infty}p_k\alpha_t^{*k} \tag{4-31}$$

其初始分布满足 δ_t 为零。

因 V_t 是 μ_0 的函数，而 μ_0 存在两种分布状态，状态 $\{X=H\}$ 和状态 $\{X=L\}$；V_t 也会存在两种结果：状态 $\{X=H\}$ 下的分布和状态 $\{X=L\}$ 下的分布。

任意时刻 t 都有

$$V_t=E(\mu_t|X) \tag{4-32}$$

2. 信念分布的动态推导

为了计算信念分布 v_t，首先单独计算时段 t，每个公共信息显示的 $T_1,T_2,\cdots,T_{N(t)}$ 时的信念分布，然后再计算某时刻公共和私人信息的联合分布 v_t。公共信息显示的分布 Z_1 等于 k_1 次独立私人信息显示的加总 $h(\mu_0,t)^{*k_1}$（其中 k_1 给定，用上标 $*k$ 代表 k 项的多项式乘积，有 T_1 时刻的预期信息分布：

$$E[\mu_{T_1}|T_1,X]=E[h(\mu_0,t),h(\mu_0,t)^{*k_1}|T_1,X]=\sum_{k=1}^{\infty}p_kh(\mu_0,T_n)^{*k+1}$$

而在第二次信息显示 T_2 前,即 T_1 时刻和 T_2 时刻之间的预期信念分布为 $h(h(\mu_0,t), T_2-T_1\times\sum_{k=1}^{\infty}p_k h(\mu_0,T_n)^{*k}$,所以 T_2 时刻的预期信念分布为

$$E[\mu T_2|T_1,T_2,\cdots,X]=[h(\mu_0,T_2)\times\sum_{k=1}^{\infty}p_k h(\mu_0,T_1)\times\sum_{k=1}^{\infty}p_k h(\mu_0,T_2)^{*k}$$

由上推广到任意时刻的预期信念分布,令 $N(T)$ 代表 t 时刻已发生的公共信息显示次数,则有

$$E[\mu_t|T_1,T_2,\cdots,T_{N(t)},X]=h(\mu_0,t)\times\Gamma_{n=1}^{N(t)}\times\sum_{k=1}^{\infty}p_k h(\mu_0,T_n)^{*k} \qquad (4-33)$$

其中对于任意的概率分布 $\alpha_i,\cdots,\alpha_k$,计 $\Gamma_{n=1}^{N(t)}\alpha_i=\alpha_1\times\alpha_2\times\cdots\times\alpha_k$;

3. 求解后验信念分布

为了计算交易方在 t 时刻的联合信念分布概率 v_t,首先需要计算 α_t 和 β_t 的精确解,分别代表通过私人和公共信息渠道收敛的交易人后验信念分布的概率。Duffie,Giroux 和 Manso(2009)论证了模型 4-30 存在唯一解,即通过私人渠道收敛的信念分布 α_t 为

$$\alpha_t=e^{-\lambda t}\sum_{n=1}^{\infty}\alpha_n(t)\mu_0^{*n} \qquad (4-34)$$

其中 λ 为无公众信息渠道时私人信息显示速率,系数 $\alpha_n(t)$ 非负,单调递增,循环递进;定义 $\alpha_1(t)=1$,且

$$\alpha_j(t)=\lambda\sum_{k=2}^{j}\int_0^t e^{-\lambda(k-1)s}q_k\Sigma_{j_1+\cdots+j_k=j}\prod_{h=1}^{k}\alpha_{jh}(s)ds$$

并且存在 $\lim_{t\to\infty}\alpha_n(t)=\phi_n$,其中 $f(z)=\sum_{n=1}^{\infty}\phi_n z^n$。

公式 4-31 的解可由 Fourier 转换得到,直到时刻 t 存在 n 个公共信息显示,公共信息的到达时间在 $[0,t]$ 均匀分布,信息显示速率为 η,通过公共信息渠道收敛的交易人后验信念分布 β_t 服从:

$$\beta_t=\exp\left(\eta\left(\int_0^t\sum_{k=1}^{\infty}-t\right)\right)\overset{def}{=}e^{-\eta t}\sum_{n=0}^{\infty}\frac{\eta^n}{n!}\left(\int_0^t\sum_{k=1}^{\infty}p_k\alpha_s^{*k}\right)^{*n} \qquad (4-35)$$

$$\beta_t=e^{-\eta t}\sum_{n=1}^{\infty}b_n(t)\mu_0^{*n} \qquad (4-36)$$

其中,$b_n(t)=1$,$b_n(t)=\sum_{k=1}^{j}\frac{\eta^k}{k!}\Sigma_{i_1+\cdots+i_k=n}d_{i1(t)}\cdots d_{ik(s)}$

$$d_j(t) = \sum_{k=1}^{j} p_k \int_0^t \left(e^{-\lambda ks} \sum_{i_1+\cdots+i_k=j} \alpha_{i1}(s)\cdots\alpha_{ik}(s) \right) ds$$

综上得到 α_t 和 β_t 信念分布的精确解，分别通过私人和公共信息渠道收敛的交易人后验信念分布的概率，由此可计算总信息分布 V_t：给定分布 X，在时刻 t 任意交易者的后验信念分布服从

$$V_t = e^{-(\lambda+\eta)t} \sum_{n=1}^{\infty} c_n(t) \mu_0^{*n} \tag{4-37}$$

其中系数 $C_j(t)$ 可定义为：$C_1=1$，$C_n(t) = \sum_{k=1}^{n-1} a_k(t) b_{n-k}(t)$；系数非负且随着 t 的增加单调递增，且存在对于每个数 $C_j(t)$，$\lim_{t \to \infty} C_j(t) = \phi_j$，另可定义幂函数

$$g(z) = \sum_{j=1}^{\infty} \phi_j z_j \tag{4-38}$$

由式 4-37 可知，任意时间 t，交易者的信念分布 v_t 是其初始分布 μ_0 的卷积混叠函数；系数 $e^{-(\lambda+\eta)t} C_n(t)$ 是交易获得（$n-1$）个其他经济人初始信息的概率，信息渠道可以是公共渠道，也可以是私人渠道。

4. 计算信息收敛速率

分别考察存在私人信息渠道和不存在私人信息渠道两种情境下，交易方后验信念收敛到完全信息显示的速率。假设每个交易方的后验信念都将收敛到完全信息显示，计 F_t 为任意交易方$\{X=H\}$的后验信念的联合分布函数（CDF 函数），F_t 将收敛到完全信息显示 CDF，可计为 $F_t(p) \to F_\infty(p)$（因为 F_∞ 为常量的随机变量 CDF，收敛分布此处等同于收敛概率）。令后验信念收敛到完全信息显示的速率为 $r>0$，对于任意 $p \in [0,1]$，存在常数 $k_0>0$ 或 k_1 满足

$$e^{-rt} k_0 \leq |F_t(p) - F_\infty(p)| \leq e^{-rt} k_1 \tag{4-39}$$

若信息收敛速率 $r>0$ 存在，则其唯一；由上文可知 $F_\infty(p)=0$，则式 4-39 变换为

$$e^{-rt} k_0 \leq |F_t(p)| \leq e^{-rt} k_1 \tag{4-40}$$

其中 p 为 $[0,1]$ 的任意分布，常量 k_0，$k_1>0$。

$$令 \Phi(z) = \sum_{n=1}^{\infty} p_n z^n \tag{4-41}$$

$\Phi(z)$ 分布在 $[0,1]$ 之间。

(1) 计算公共和私人信息渠道共存的后验信念的收敛速率。

定义后验信念分布的收敛速率：假定所有经济人的后验信念 $\{X=H\}$ 状态时分布为 1，而在 $\{X=L\}$ 状态时分布为 0，此时的后验信念收敛到完全信息显示，定义变量 a 为 0 或者 1 的信念状态，我们可计算事件 $\{X=H\}$ 时的收敛速率 $v_t(-\infty, a)$。令 Y_1，Y_2，…为对于给定的 X，独立分布于 $\mu_0 = \alpha_0$，将随机变量 α 代入公共和私人信息渠道均存在的 v_t 公式和 $F_t(p)$ 公式，

$$F_t(p) = v_t((-\infty, a)) = e^{-(\lambda+\eta)t} \sum_{n=1}^{\infty} c_n(t) \mu_0^{*n}(t)((-\infty, a))$$

$$= e^{-(\lambda+\eta)t} \sum_{n=1}^{N} c_n(t) P\left[\sum_{i=1}^{n}\left(Y_i - \frac{a}{n}\right) \leq 0\right] + e^{-(\lambda+\eta)t} \sum_{n=N+1}^{\infty} c_n(t) P\left[\sum_{i=1}^{n}\left(Y_i - \frac{a}{n}\right) \leq 0\right]$$

$$\leq \beta e^{-(\lambda+\eta)} + e^{-(\lambda+\eta)} \sum_{n=N+1}^{\infty} \Phi_n e^{ac} \gamma^n \qquad (4-42)$$

由式 4-38 可知

$$\sum_{n=N+1}^{\infty} \Phi_n z^n \ll g(z) = \sum_{n=1}^{\infty} \Phi_n z^n \qquad (4-43)$$

将式 4-43 代入式 4-42 得

$$F_t(p) = V_t((-\infty, a)) \leq e^{-(\lambda+\eta)} (\beta + e^{aC} g(\gamma))$$

其中 $\beta + e^{aC} g(\gamma)$ 为常量，由此根据式 4-39，$\gamma + \eta$ 为唯一存在的收敛速率。

含义：当公共和私人信息渠道共存时，如果私人信息的收敛速率 λ 严格为正，后验信念收敛到完全信息显示的速率是公共和私人信息收敛速率之和 $\gamma + \eta$，并且收敛速率与交易人的数量分布不存在相关性，这和仅存在公共信息渠道情形不同。

(2) 计算没有私人信息渠道（$\lambda = 0$）时，后验信念收敛到完全信息显示的速率。

首先定义 $\{X=H\}$ 状态下初始分布 μ_0 的时间生成函数 $M(s)$ 满足

$$s \to M(s) = \int e^{sx} d_{\mu_0(x)} \qquad (4-44)$$

且若

$$s \in [-c, 0] \qquad (4-45)$$

存在常数 $c > 0$，使得 $M(s)$ 为有限值。

另根据克莱姆大偏差定理（Cramer's Large Deviations Theroem）可得数量计量函数

$$R = \sup_{y \in R}(-\log M(y)) \tag{4-46}$$

由此根据式 4-44 和式 4-45，对于任意 $a>0$，$\epsilon>0$，扩展式 4-40 可得：存在严格为正的常数 k_0，$k_1>0$，使得

$$k_0 e^{-(R+\epsilon)k} \leq \mu_0^{*k}(-\infty, a) \leq k_1 e^{-Rt} \tag{4-47}$$

另根据式 4-39 定义"近似收敛速率" $r>0$：当 $\varepsilon>0$，P 为 $[0,1]$ 的任意分布，常量 k_0，$k_1>0$。若存在

$$e^{-(r+\varepsilon)t} k_0 \leq |F_t(p) - F_\infty(p)| \leq e^{-rt} k_1 \tag{4-48}$$

则 r 为唯一的近似收敛速率。

由式 4-37 可知，当 $c_n(t)$ 非负时，后验信念收敛到完全信息均衡的速率

$$V_t = e^{-(\lambda+\eta)t} \sum_{n=1}^{\infty} c_n(t) \mu_0^{*n} = \sum_{n=1}^{\infty} e^{-\eta t} c_n(t) \mu_0^{*n} \tag{4-49}$$

同时因为没有私人信息渠道，$\alpha_t = \mu_0$，通过式 4-39 和 β_t 的定义式 4-35，后验信念收敛到完全信息均衡的速率 v_t 还可表达为：

$$v_t = \alpha_t \times \beta_t = \mu_0 \times \left[\sum_{k=0}^{\infty} \frac{(\eta t)^k}{k!} e^{-\eta t} \left(\sum_{n=1}^{\infty} p_n \mu_0^{*n} \right)^{*k} \right] \tag{4-50}$$

将式 4-47 右式双边均乘以 $\sum_{n=1}^{\infty} e^{-\eta t} c_n(t)$ 可得

$$V_t((-\infty, a)) = \sum_{n=1}^{\infty} e^{-\eta t} c_n(t) \mu_0^{*k}(-\infty, a) \leq k_1 \sum_{n=1}^{\infty} e^{-\eta t} c_n(t) e^{-Rn} \tag{4-51}$$

将式 4-50 代入式 4-49 可得：

$$\sum_{n=1}^{\infty} e^{-\eta t} c_n(t) e^{-Rn} = \sum_{n=1}^{\infty} \frac{v_t}{u_0^{*n}} e^{-Rn}$$

$$= e^{-R} \left[\sum_{k=0}^{\infty} \frac{(\eta t)^k}{k!} e^{-\eta t} \left(\sum_{n=1}^{\infty} P_n e^{-Rn} \right)^k \right]$$

$$= e^{-R} \left[\sum_{k=0}^{\infty} \frac{(\eta t)^k}{k!} e^{-\eta t} (\Phi(e^{-R}))^k \right]$$

$$= e^{-R} \exp(-\eta(1 - \Phi(e^{-R}))t)$$

将以上结果代入式 4-51 可得

$$V_t(((-\infty,a))) = k_1 e^{-R} \exp(-\eta(1-\Phi(e^{-R}))t) \tag{4-52}$$

令仅存在公共渠道的信息收敛速率为 ρ，如果 $\Phi(e^{-R})>0$，由式4-48近似收敛速率的定义可得公共渠道的信息收敛速率

$$\rho = \eta(1-\Phi(e^{-R})) \tag{4-53}$$

且存在 $\rho = \eta(1-\Phi(e^{-R})) < \eta$。

以上分析说明：第一，如果没有私人信息渠道，后验信念将以渐进的方式收敛到完全信息显示，收敛速率 ρ 不仅和每次信息显示时交易人的数量 n 相关，还和信息的初始分布 R 相关；第二，与存在私人信息渠道的收敛速率相比，仅存在公共信息渠道的后验信念收敛速率 ρ 小于存在私人信息渠道时的公共渠道收敛速率 η。

（三）模型讨论

上文展示了私人信息与公共信息共存有利于信息更快地显示，促进资产价格的形成。

（1）由式4-39可知时刻 t，存在私人信息渠道的后验信念分布 α_t，如果私人信息显示过程的强度 λ 严格为正，则信息以指数速率 λ 收敛到 α_t；且无论初始信息分布 μ_0 的质量，只要 λ 严格为正，经公共信息渠道形成的后验信念分布将以指数速率 $\lambda+\eta$ 收敛到完全信息显示，且公共信息渠道对整体收敛速率的贡献为公共信息显示过程的强度 η。

（2）而当私人信息显示的强度 λ 为零时，即不存在私人信息渠道时（大部分交易所市场均无非公开信息平台），后验信念收敛速率 ρ 仅为部分的初始分布 μ_0，远远小于完全信息显示。因此当 $\lambda=0$ 时，经公共信息渠道的后验信念收敛速率仅与信息初始分布 μ_0 相关，并且严格小于公共信息显示过程的强度 η。

（3）本模型有明确的经济学意义，私人信息渠道与公共信息渠道共存有利于提升信息效率，由此解释了非公开交易平台的价值，其较之仅有公开交易平台的信息效率更高。本研究一定程度呼应了CFA（2012）关于黑池交易（非公开交易平台）对市场质量影响的研究。CFA研究报告发现交易所与黑池交易平台的竞争有利于投资者，比如在公众交易之外加入黑池交易（即存在私人信息渠道），且控制影响价差和

深度的因素之后，非公开交易活动的增加可降低买卖价差，增进市场深度和市场质量；当然私人信息和公众信息的这种互补关系并非完全线性，互补关系到达某特定阈值后会发生逆转。CFA 研究显示当某股票多数以黑池平台交易（大于 50% 的交易量）时，市场质量恶化，这也和我们的经验相符，完全不透明的市场容易有内幕交易和共谋，反而损害市场的效率。因此市场透明度和信息效率的关系呈非线性，一定程度的非透明有利于提升信息效率，但非透明度到达阈值后反而不利于市场质量。

四、不同交易透明度下证券柜台市场信息效率的数字模拟

上文模型分析了私人信息渠道与公共信息渠道共存有利于信息更快地显示，以下通过数字模拟比较不同交易透明度下信息效率。

令 $\eta=1$，$P(s_i=1|H)=P=\frac{2}{3}$，$P(s_i=1|L)=P=\frac{1}{3}$，分别计算仅有公共信息显示时，与私人和公共信息渠道共存时的后验信念收敛速度。

首先计算 ρ 的表达式。令 $P(s_i=1|H)=P>\frac{1}{2}$，$P(s_i=1|L)=1-P<\frac{1}{2}$，可得 $\{X=H\}$ 状态下的初始分布：

$$\mu_0(x)=(1-p)\cdot\delta\left(x+\log\frac{p}{1-p}\right)+p\cdot\delta\left(x-\log\frac{p}{1-p}\right)\equiv(1-p)\cdot\delta_{\{-\log\frac{p}{1-p}\}}+p\delta_{\{\log\frac{p}{1-p}\}}$$

其中 $\delta(x)$ 狄拉克函数（Dirac delta function）δ 满足 $\delta_a(x)=\frac{1}{a\sqrt{\pi}}e^{-\frac{x^2}{a^2}}$，$a\to 0$；由此根据式 4-44 $M(s)$ 定义可得

$$M(s)=\int_{-\infty}^{\infty}e^{sx}d_{\mu_0(x)}(1-p)e^{-s\log\frac{p}{1-p}}+pe^{s\log\frac{p}{1-p}}$$

$$=(1-p)\cdot\left(\frac{1-p}{p}\right)^s+p\cdot\left(\frac{1-p}{p}\right)^s\geq 2\sqrt{p(1-p)}$$

由此根据式 4-46 R 的定义式可得

$$R=\sup_{y\in R}(-\log M(y))=-\log(2\sqrt{p(1-p)})=\log_e\frac{1}{2\sqrt{p(1-p)}}$$

由上可得 $e^R=2\sqrt{p(1-p)}$，将其代入式 4-53，可得

$$\rho=\eta(1-\Phi(e^R))=\eta(1-\Phi(2\sqrt{p(1-p)}))=\eta(1-\sum_n p_n[2\sqrt{p(1-p)}]^n)$$

以下给出数字示例，令 $\eta=1$, $P(S_i=1\mid H)=P=\dfrac{2}{3}$, $P(S_i=1\mid L)=P=\dfrac{1}{3}$, 代入 $\rho=\eta\left(1-\left(\dfrac{2\sqrt{2}}{3}\right)^n\right)$, 可得图 4-7。

n	ρ	η
1	0.057	1
2	0.111	1
3	0.162	1
4	0.210	1
5	0.255	1
6	0.298	1
7	0.338	1
8	0.376	1
9	0.411	1
10	0.445	1
100	0.997	1

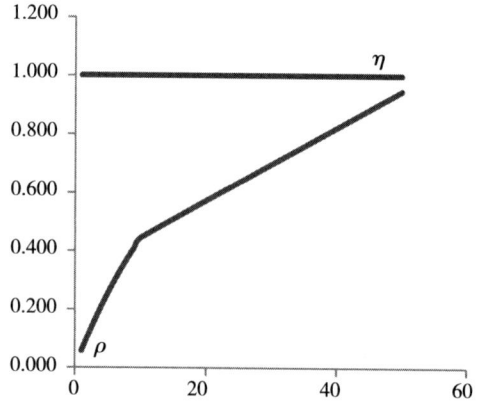

注释：ρ 为仅存在公共信息渠道的后验信念收敛速率；η 为公共和私人渠道并存的后验信念收敛速率。

图 4-7　不同交易透明度下后验信念的收敛速率

由上可见仅有公共信息渠道的后验信念收敛速率与交易者的数量 n 相关；并且在交易者数量较少时，后验信念的收敛速率远远小于存在私人信息渠道的收敛速率 η。

第四节　研究结论与政策启示

证券市场的运行过程本身是一个信息处理的过程，交易者通过信息显示可动态更新其对证券的先验信念（依靠贝叶斯推理），形成后验信念，进而改变交易策略，最终影响证券价格的形成。本章从市场微观结构视角分析信息效率的影响因素。第一，交易机制是交易制度的核心内容，它决定了交易指令的提交时间和方式；第二，交易组织决定交易者构成和市场组织，通过影响交易策略影响信息显示充分度；第三，交易透明度决定信息分布，由此影响信息显示机制，从而影响了信息显示速度。本章主要结论如下：

（1）证券柜台交易市场的信息显示不仅受交易机制的约束，还受到交易者策略及信息分布的影响，因而讨论市场信息效率需要考虑交易机制与其他因素的综合效应。做市商市场是一个动态博弈，随着信息的显示，做市商动态调整报价以反映市场的最新信息，因而做市商交易机制的实质是构建了一个信息网络；做市商调整价格的幅度 λ_i 体现信息显示的难度，λ_i 越大，表示到完全信息显示的报价需调整幅度越大，即信息显示越难。

（2）分析多边交易组织对证券柜台市场信息效率的影响。其将分散的单个证券柜台市场联结成交易网络，多时期序贯拍卖的分析显示：随着知情交易者的数目趋向无穷大，知情交易者的策略更具竞争性，所有信息都会在第一次拍卖中揭示出来，做市商后验信息的方差 Σ_n 趋向于零，也即报价越趋向资产真实价值，信息显示的充分度越高。这从理论上验证了多次交易组织对市场信息效率的提升。

（3）分析交易透明度对证券柜台市场信息效率的影响。建立了交易者后验信念收敛的动态模型，刻画不同交易透明度下的信息速率。该模型假设交易方的后验信念逐步收敛到完全信息显示，当私人信息渠道和公共信息渠道共存时，后验信念的收敛速率是公众信息和私人信息显示强度之和；但如仅有公共信息渠道，收敛速率将降低，由此公共和私人信息渠道共存比仅有公共信息渠道时信息显示速率更快。这个模型具有明确的经济含义，信息透明度的设置将影响信息效率，非公开交易市场可提升信息效率。

第五章

不同市场微观结构下证券柜台市场信息效率的实证研究

资本市场的发展水平不同,制度和法律环境也有差异,导致证券柜台交易市场的信息效率也各不相同。本章比较不同交易制度下的证券柜台市场的信息效率,以此验证第四章所述市场微观结构的差异对信息效率的影响。

第一节 分散柜台交易市场信息效率的实证研究

新三板市场也称全国中小企业股份转让平台,是指具有代办股份转让资格的证券公司为主体,为非上市公司提供股份转让服务的平台,证券公司作为经纪商参与交易。新三板市场是我国证券柜台市场中存在时间最长、运行比较稳定、具有一定规模的市场。2018年新三板交易制度变革之前,新三板市场交易以协议转让为主,也未形成竞争型交易网络和私人信息渠道,因此其可作为分散柜台交易市场的代表。

一、研究方法

本书采用事件研究(event study)法,观测股票超额收益的表现,评估市场的信息效率。若市场信息效率较高，事件对股票价格影响越小，超额收益就越小；当市场达到半强型效率时，新盈利报告发布的信息可立刻在股价中得到反映，投资者将无法获取超常收益。

二、样本选择与分析

本书以 2014 年前在"全国中小企业股份转让系统"挂牌交易的股票的日收益为研究对象。①剔除以下几类非常规样本：

（1）经营停滞、股票长期没有交易记录，或没有按时披露年报的公司；

（2）样本期间内仅有偶发的几笔交易记录的公司；

（3）样本期间内，股价出现急剧涨跌的公司。

由于该市场交投较清淡，经过筛选合格样本仅有 18 家。本书选取所有合格样本，对样本公司在 2012 年的盈利状况进行排序，以收益的高低将其分为两组，各 9 家。以 A 组和 B 组分别代表"高收益组"和"低收益组"。表 5-1 为样本企业 2012 年度盈利和分组情况。

表 5-1　样本企业 2012 年盈利情况

序号	证券代码	年报披露日期	每股收益 EPS/ 元	组别
1	430088.OC	4/23	0.87	A
2	430084.OC	4/26	0.68	A
3	430021.OC	3/12	0.5366	A
4	430074.OC	4/16	0.5245	A
5	430139.OC	4/11	0.51	A
6	430055.OC	4/26	0.44	A
7	430183.OC	4/27	0.42	A

---

① 全国中小企业股份转让系统的做市商交易制度于 2014 年 8 月正式上线，在此之前采用分散询价和交易的协议交易制度。

续表

序号	证券代码	年报披露日期	每股收益 EPS/元	组别
8	430033.OC	4/17	0.322	A
9	430083.OC	4/19	0.3	A
10	430037.OC	4/27	0.25	B
11	430092.OC	4/19	0.24	B
12	430065.OC	4/16	0.2334	B
13	430014.OC	4/20	0.2	B
14	430105.OC	4/4	0.1908	B
15	430143.OC	4/16	0.0272	B
16	430133.OC	4/20	0.0163	B
17	430004.OC	4/13	-0.014	B
18	430011.OC	4/27	-0.43	B

数据来源：WIND 金融数据库。

三、超额收益表现检验

我们考察年报公告日前后各一个月的股价波动情况，以每月 22 个交易日计，取每个公司年报发布日前后各 22 个交易日，再加上报告日当日，共 45 个交易日为样本区间。研究步骤如下。

（1）根据 18 家公司在样本区间的日收益率 $R_{i,t}$、市场日收益率 R_t，进行线性回归分析，估算 32 家公司股票的 CAPM 模型，即

$$\dot{R}_{i,t} = \dot{\alpha} + \dot{\beta}_i R_t \ (i=1, 2, \cdots, 18; t=-22, -21, \cdots, 0, \cdots, 21, 22)$$

其中，股票的日收益率和市场收益率数据从"WIND 金融数据库"获取（因为该市场尚未建立市场指数发布制度，所以市场收益率用以整个市场的"市价总值"日涨跌幅表示）。18 家企业的 CAPM 模型估计结果如表 5-2 所示。

表 5-2　样本股票的 CAPM 模型估计结果

序号	证券代码	α	β
1	430088.OC	−0.202499	−0.002702
2	430084.OC	−0.111359	−0.002239
3	430021.OC	−0.110312	0.000775
4	430074.OC	2.097445	−0.346130
5	430139.OC	−0.166981	0.002618
6	430055.OC	0.180011	0.004747
7	430183.OC	2.549069	−0.031252
8	430033.OC	0.116849	−0.008257
9	430083.OC	0.079357	−0.001234
10	430037.OC	0.082606	0.001170
11	430092.OC	0.005273	0.000349
12	430065.OC	0.197549	0.004732
13	430014.OC	0.107169	0.009434
14	430105.OC	0.418471	0.026522
15	430143.OC	1.549377	−0.015665
16	430133.OC	0.051525	−0.011981
17	430004.OC	0.988877	−0.015292
18	430011.OC	0.053338	0.021667

（2）根据以上 CAPM 模型的估计结果，计算样本时限内各股票的日超常收益率，即 $E_{i,t}=R_{i,t}-\dot{R}_{i,t}$，其中 $\dot{R}_{i,t}=\dot{\alpha}+\dot{\beta}_i R_t$。

（3）分别计算各公司年报公告日前后各 22 个交易日期间，A、B 两组的平均日超常收益率，即 $\overline{R_t}=\frac{1}{9}\sum_{i=1}^{9}E_{i,t}$，其中，$i=1, 2, \cdots, 32$；$t=-22, -21, \cdots, 0, 1, \cdots, 21, 22$。

再计算 A、B 两组在样本时限内（45 个交易日）的累计超常收益率，即 CR=$\sum_{i=-22}^{22} R_{i,t}$，结果如表 5-3。

表 5-3　样本股票的平均日超常收益率和累计超常收益率

t	A 组		B 组	
	$\bar{R}$	CR	$\bar{R}$	CR
−22	−0.549909	−0.690053	−0.32629	0.946291
−21	−0.549909	−0.692629	−0.32629	1.031289
−20	−0.949909	−0.69313	−1.35988	0.878501
−19	−0.537764	−0.695838	−0.61127	0.981919
−18	−0.324872	−0.695838	−3.17218	0.981919
−17	−0.582367	−0.697144	−0.32653	0.449436
−16	0.685554	−0.696332	−0.32645	0.38927
−15	−0.562638	−0.695842	−0.32638	0.399888
−14	−0.549909	−0.685344	−0.32629	0.235743
−13	0.0678732	−0.701381	−0.3246	0.203557
−12	−0.401884	−0.700397	−12.4804	0.203564
−11	−0.588213	−0.701088	−0.32657	0.203559
−10	−0.549909	−0.66428	−0.32629	0.226543
−9	−0.549909	−0.668598	−0.32629	0.205468
−8	−0.549909	−0.663572	−0.32629	0.220495
−7	−0.20818	−0.663718	−0.32249	−0.33506
−6	−1.313392	−0.663179	−0.67359	−0.30641
−5	−0.967944	−0.663179	−0.32656	−0.30641
−4	−0.288577	−0.638245	−8.88289	−0.28344
−3	−0.015654	−0.682017	−0.32607	−0.28348
−2	−0.485059	−0.681864	3.007528	−0.25785

续表

t	A组		B组	
	R^-	CR	R^-	CR
−1	−0.030364	−0.683639	−5.26482	−0.2885
0	−0.549909	−0.686036	−0.32629	−0.28851
1	−0.559911	−0.685435	−0.32636	−0.29239
2	−0.203106	−0.654212	−0.32614	−0.29258
3	−3.892274	−0.653644	8.842941	−0.30771
4	−0.496027	−0.654222	−4.32589	−0.30771
5	−0.402121	−0.698354	2.906107	−0.30772
6	−0.588512	−0.696838	−0.32657	−0.28475
7	−0.436557	−0.692519	−4.06619	−0.28472
8	−0.563824	−0.465779	6.396109	−0.28472
9	−0.430778	−0.364382	−4.87668	−0.30576
10	−0.549909	−0.364468	−0.32629	−0.28281
11	−0.508449	−0.36615	24.44964	−0.27827
12	−0.585635	−0.413661	2.321014	−0.27825
13	−0.571451	−0.416499	−0.23791	−0.27827
14	−1.01184	−0.402549	6.896092	−0.27827
15	0.1957206	−0.402594	−0.32074	−0.27827
16	−0.549909	−0.54044	−0.32629	−0.27826
17	−0.549909	−0.598535	−0.32629	−0.27826
18	−2.042155	−0.599756	−0.32655	−0.27825
19	−0.386834	−0.613061	−0.32507	−0.28483
20	−0.411023	−0.388727	−0.98481	−0.28483
21	−0.543455	−0.3892	24.11821	−0.28483
22	−0.573627	−0.387252	−1.58696	−0.28482

（4）绘制 A、B 两组计超常收益率在年报公告日前后变化趋势图（图 5-1）。

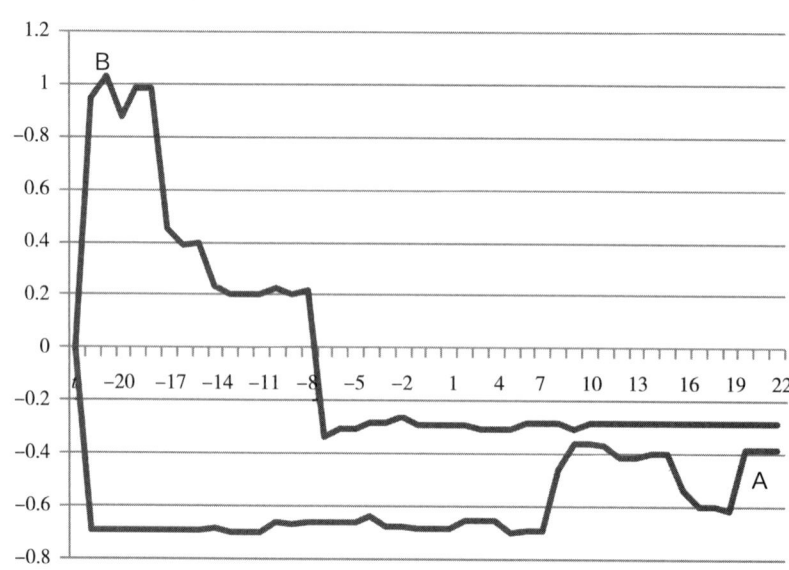

图 5-1　累计超额收益率的变化情况

四、实证结果

（1）两组累计超常收益率的走势在季报公布日前 20 天出现了明显的变化：高收益组的市场反应是价格下跌；低收益组的初始反应是价格上升，直到盈利信息公布后数天收益率的走势才出现反转。这反映了市场极端不理性，未能反映信息的基本面。

（2）高收益组累计超常收益率上涨的拐点出现在季报公布后的 5~7 天，属于滞后反应；而低收益组下跌的拐点则出现在报告前的 18~20 天。这表明至少有部分投资者在盈利信息报告之前就已经得知消息，投资者之间存在信息不对称。

（3）累计超额收益的表现显示平时股价的信息含量较低。因为年报更具信息含量，投资者得知盈利报告后，高收益组的累计超额收益出现了明显变化，说明公司信息并没有及时、均匀地分布于投资者之间，股价没有对公司的信息做出及时的反应；累计超额收益率是对股价波动在一定程度上的放大，这种剧烈波动也表明市场上的挂牌公司与投资者之间存在信息不对称。

由上文分析可见，盈利组的累计超额收益率在年报发布后数天出现明显的变化，因而新三板市场尚未达到半强型效率。从超额收益的走势来看，新三板市场处于弱式有效甚至无效的水平。考虑取样期间新三板市场尚未引入做市商制度，其他配套的交易组织和信息披露均在建设中，因而其代表的分散证券柜台交易市场信息效率较低。

第二节　集中柜台交易市场信息效率的实证研究

本节以银行间债券市场为例，检查集中柜台交易市场的信息效率。我国的银行间债券市场是一个包括各类银行、证券公司和基金等金融机构，以及众多非金融企业法人的机构间市场。银行间债券市场有多年做市商制度实践，是我国运作最成熟的证券柜台交易市场之一。因此，以银行间债券市场为范例，研究集中证券柜台交易市场的信息效率十分具有参考意义。

一、银行间债券市场的信息效率分析

银行间市场是我国债券交易的主体市场：2019 年银行间市场现券和回购交易规模占到全部交易规模的 87.29%；市场投资者不仅包括商业银行，还包括保险公司、基金、券商、农信社等几乎所有类型的金融机构和大量非金融机构。其在 1998 年引入交易商制度，截至 2019 年有 85 家现券市场做市商，包括 58 家商业银行和 27 家证券公司。根据前文证券柜台交易信息效率影响因素的分析，银行间市场采取做市商交易机制有利于信息显示，但尚难达到制度完善证券柜台市场的信息效率，主要制度特征如下：

（1）采用集中的证券柜台市场交易形态。银行间市场目前采取的是询价和做市商相结合的混合交易机制。其做市商体系的特点是：证券柜台报价和网络集中报价相结合，利用现代化的电子网络技术集中经纪商的客户订单和自营订单，再分散发送给客户指定的做市商，各做市商分散自主成交。

（2）建立起机构间市场，但未实现交易联通。银行间债券市场是定位于合格机构投资者的场外批发市场，但因为合格投资人制度尚未建立，难以为合格投资人建立单独的机构间市场，也没有实现交易系统的联通。

（3）缺乏非公开交易平台。我国银行间市场的透明度较高，缺乏非公开信息渠道，体现在：第一，市场交易前透明度高，银行间市场所有成员都能同时通过中国货币网得到双边报价的各种信息。第二，交易匿名性不高。国际上报价驱动市场一般都设有同业经纪制度，为做市商之间和其他有需要的参与者提供匿名成交乃至匿名结算的经纪服务，以保护投资组合策略等商业秘密和显示私人信息。我国银行间市场虽已建立了这项制度，但实施尚不到位。第三，私募市场和做市商内部市场等非公开交易平台也尚未建立。

综合来看，我国银行间债券市场虽然形成了做市商交易机制，但在交易组织和交易透明度等环节缺乏有效配套，这样的市场微观结构可在一定程度改善信息效率，但很难达到多边证券柜台交易网络的信息效率。

二、数据来源和样本选取

我国银行间债券市场的发展分为两个阶段。2007—2014年为做市商制度的初步建立阶段。截至2014年末，银行间债券市场初步形成25家做市商和46家尝试做市商组成的多层次庞大的做市商队伍，监管机构也逐渐完善了做市场的准入条件、权利义务监管办法和考评制度。2014年至今是做市商制度深化发展阶段，监管层着手构建银行间债券市场分层体系，解决做市商动力和配套机制问题，交易组织更为复杂。本节研究目的是检验集中的柜台交易市场的信息效率，样本主要取自第一阶段的银行间债券柜台市场。

本书采样自 2011 年 1 月 1 日至 2014 年 10 月 8 日止的 939 个交易日中，对由中国银行间市场交易商协会所发行并监管的 2875 只债券的 96703 条做市商报价交易数据进行分析，选取该期间内累计报价在 350 次以上的 15 只债券为样本。样本债券做市商交易报价数据来源为 NAFMII（中国银行间市场交易商协会）内部数据，收盘价数据来源为 WIND 资讯。样本数据含有大量交易层面的数据，属于典型的市场微观结构数据。债券基本信息如表 5-4 所示。

表 5-4　各样本债券基本情况

债券名称	债券代码	发行金额	报价方式	票面利率	报价机构数量	累计报价次数
10 诚通 MTN1	1082052	8	双边报价	3.49	1	680
10 中石油 MTN1	1082087	200	双边报价	3.32	2	666
09 中船 MTN2	982034	30	双边报价	2.28	1	615
10 中油股 MTN3	1082099	200	双边报价	3.97	1	612
10 京投 MTN2	1082168	30	双边报价	4.30	1	594
10 锦江 MTN1	1082138	20	双边报价	3.45	1	550
11 首钢 MTN1	1182226	90	双边报价	5.66	1	542
11 中石油 MTN4	1182258	100	双边报价	5.74	1	484
12 神华 MTN1	1282135	100	双边报价	4.71	1	468
10 中化工 MTN1	1082108	20	双边报价	4.13	1	463
09 中金 MTN1	982038	6	双边报价	4.48	1	425
10 中铝业 MTN1	1082056	92	双边报价	5.14	2	386
12 中石油 MTN1	1282156	200	双边报价	4.35	2	379
11 河钢 MTN3	1182324	80	双边报价	5.09	1	375
11 中石油 MTN5	1182271	100	双边报价	5.80	2	368

三、平稳性检验

平稳性检验是格兰杰因果检验的前提，变量序列需要平稳才能进行格兰杰因果检验。做市商报价用 AB 表示，当天收盘价用 CL 表示。各样本序列的平稳性分析显示，在选取的 15 只样本债券中有 10 只债券的 AB 数据序列与 CL 数据序列均为一阶单整，即存在一个单位根，债券代码分别为 1082052、982034、1082099、1182226、1182258、982038、1082056、1282156、1182324、1182271，这 10 只债券可以进行格兰杰因果检验；债券代码 1282135 的 AB 数据序列与 CL 数据序列均无单位根，为平稳序列，可直接进行格兰杰因果检验；债券 182087、1082168、1082138、1082108 的 AB 数据序列与 CL 数据序列有不同的单整形式，这 4 只债券不是平稳序列，不能进行格兰杰因果检验，因而在计算样本数据的格兰杰因果关系的样本数据时将其剔除（具体情况见表 5-5）。

表 5-5 各样本债券的单位根检验结果

债券简称	序列	ADF 值	P 值	结论
1082052	AB	−0.23078	0.603	接受 H0，序列非平稳
	ΔAB	−13.9198	0	拒绝 H0，序列平稳
	CL	−2.40089	0.1419	接受 H0，序列非平稳
	ΔCL	−24.6345	0	拒绝 H0，序列平稳
182087	AB	−8.13837	0	拒绝 H0，序列平稳
	CL	−2.210076	2.234	接受 H0，序列非平稳
982034	AB	0.045498	0	接受 H0，序列非平稳
	ΔAB	−17.1407	0	拒绝 H0，序列平稳
	CL	−1.809843	0.3758	接受 H0，序列非平稳
	ΔCL	−28.8136	0	拒绝 H0，序列平稳
1082099	AB	0.093434	0.712	接受 H0，序列非平稳
	ΔAB	−14.43909	0	拒绝 H0，序列平稳
	CL	−1.31699	0.6232	接受 H0，序列非平稳
	ΔCL	−21.4846	0	拒绝 H0，序列平稳
1082168	AB	−10.2055	0	拒绝 H0，序列平稳
	CL	−4.81439	0.0005	拒绝 H0，序列平稳

续表

债券简称	序列	ADF 值	P 值	结论
1082138	AB	−3.31213	0.0148	拒绝 H0，序列平稳
	CL	−0.78605	0.8218	接受 H0，序列非平稳
1182226	AB	−2.20045	0.2065	接受 H0，序列非平稳
	ΔAB	−21.7797	0	拒绝 H0，序列平稳
	CL	−2.12837	0.2337	接受 H0，序列非平稳
	ΔCL	−13.6762	0	拒绝 H0，序列平稳
1182258	AB	−2.13006	0.233	接受 H0，序列非平稳
	ΔAB	−18.6843	0	拒绝 H0，序列平稳
	CL	−1.8005	0.3803	接受 H0，序列非平稳
	ΔCL	−14.6934	0	拒绝 H0，序列平稳
1282135	AB	−0.98444	0.76	接受 H0，序列非平稳
	CL	−4.75397	0.0001	拒绝 H0，序列平稳
1082108	AB	−0.98444	0.76	接受 H0，序列非平稳
	ΔAB	−20.9747	0	拒绝 H0，序列平稳
	CL	−4.75397	0.0001	接受 H0，序列非平稳
982038	AB	−1.44666	0.5598	接受 H0，序列非平稳
	ΔAB	−11.743	0	拒绝 H0，序列平稳
	CL	−1.97103	0.2997	接受 H0，序列非平稳
	ΔCL	−20.341	0	拒绝 H0，序列平稳
1082056	AB	0.202845	0.7447	接受 H0，序列非平稳
	ΔAB	−12.2791	0	拒绝 H0，序列平稳
	CL	0.014518	0.6868	接受 H0，序列非平稳
	ΔCL	−13.6407	0	拒绝 H0，序列平稳

续表

债券简称	序列	ADF 值	P 值	结论
1282156	AB	−0.38341	0.5457	接受 H0，序列非平稳
	ΔAB	−18.0701	0	拒绝 H0，序列平稳
	CL	−0.320	0.5697	接受 H0，序列非平稳
	ΔCL	−15.6343	0	拒绝 H0，序列平稳
1182324	AB	−0.59909	0.4574	接受 H0，序列非平稳
	ΔAB	−19.0183	0	拒绝 H0，序列平稳
	CL	−0.55183	0.4777	接受 H0，序列非平稳
	ΔCL	−17.1263	0	拒绝 H0，序列平稳
1182271	AB	−1.32012	0.1728	接受 H0，序列非平稳
	ΔAB	−21.1519	0	拒绝 H0，序列平稳
	CL	−0.76057	−2.57146	接受 H0，序列非平稳
	ΔCL	−19.0986	0	拒绝 H0，序列平稳

四、格兰杰因果检验

（一）样本相关性检验

做市商报价用 AB 表示，当天收盘价用 CL 表示，使用 Eviews 6. 对数据进行线性回归分析：回归方程的结果为 CL=0.71×AB+28.11，表示做市商报价数据与债券的收盘价的相关行性为 0.71，拟合优度为 0.45。由此回归结果看，收盘价（CL 数据）与做市商报价（AB 数据）有较强的相关性。

（二）样本整体数据的格兰杰因果检验

1. 整体单位根检验

如表 5-6 所示，AB 数据序列与 CL 数据序列均在 99% 的置信度水平下拒绝原假设，即两数据序列均不存在单位根，数据平稳。

表 5-6 样本整体数据单位根检验结果

序列名	ADF 值	P 值	1% 临界值	5% 临界值	10% 临界值	结论
AB	−7.27492	0	−3.43103	−2.86173	−2.56691	拒绝 H0，序列平稳
CL	−5.47707	0	−3.43103	−2.86173	−2.56691	拒绝 H0，序列平稳

2. 各样本数据的格兰杰因果关系检验

对符合格兰杰因果检验的 11 只债券的 AB 数据序列与 CL 数据序列的格兰杰因果检验结果如表 5-7 所示。在所选取的 11 只样本债券中，代码为 1082052、982034、1082099、1082168、1182226、1082056、1282156 这 7 只债券在 1% 的置信水平下，原假设"CL 不是 AB 的格兰杰原因"被拒绝，也就是说市场收盘价是做市商报价的格兰杰原因；原假设"AB 不是 CL 的格兰杰原因"被接受，也就是说做市商报价数据不是市场收盘价的格兰杰原因；代码为 1182258、982038、1182324、1182271 这 4 只债券在 1% 的置信水平下原假设"CL 不是 AB 的格兰杰原因"被接受，也就是说市场收盘价不是做市商报价的格兰杰原因，原假设"AB（报价）不是 CL（收盘价）的格兰杰原因"被拒绝，也就是说做市商报价数据是市场收盘价的格兰杰原因。综合来看，11 只样本债券中仅有 4 只债券接受假设：做市商报价数据是市场收盘价的格兰杰原因，说明做市商的报价对价格的引导有一定作用，但并不显著。

表 5-7 各债券 AB 与 CL 数据的格兰杰因果检验结果

债券代码	原假设	F 值	P 值	结论
1082052	CL 不是 AB 的格兰杰原因	11.0721	2.00E−05	拒绝原假设
	AB 不是 CL 的格兰杰原因	1.43166	0.2396	接受原假设
982034	CL 不是 AB 的格兰杰原因	4.25498	6.00E−05	拒绝原假设
	AB 不是 CL 的格兰杰原因	1.76289	0.0816	拒绝原假设
1082099	CL 不是 AB 的格兰杰原因	2.78621	0.0049	拒绝原假设
	AB 不是 CL 的格兰杰原因	0.71328	0.6799	接受原假设

续表

债券代码	原假设	F 值	P 值	结论
1082168	CL 不是 AB 的格兰杰原因	7.81752	0.0004	拒绝原假设
	AB 不是 CL 的格兰杰原因	1.32806	0.2658	接受原假设
1182226	CL 不是 AB 的格兰杰原因	22.1952	6.00E−10	拒绝原假设
	AB 不是 CL 的格兰杰原因	1.80548	0.1654	接受原假设
1182258	CL 不是 AB 的格兰杰原因	0.83802	0.4332	接受原假设
	AB 不是 CL 的格兰杰原因	18.6033	2.00E−08	拒绝原假设
982038	CL 不是 AB 的格兰杰原因	1.14717	0.3185	接受原假设
	AB 不是 CL 的格兰杰原因	5.58531	0.004	拒绝原假设
1082056	CL 不是 AB 的格兰杰原因	3.55838	0.0094	拒绝原假设
	AB 不是 CL 的格兰杰原因	1.32268	0.2676	接受原假设
1282156	CL 不是 AB 的格兰杰原因	56.7373	3.00E−22	拒绝原假设
	AB 不是 CL 的格兰杰原因	1.04358	0.3532	接受原假设
1182324	CL 不是 AB 的格兰杰原因	0.44483	0.6413	接受原假设
	AB 不是 CL 的格兰杰原因	18.4591	2.00E−08	拒绝原假设
1182271	CL 不是 AB 的格兰杰原因	1.38748	0.2511	接受原假设
	AB 不是 CL 的格兰杰原因	13.6499	2.00E−06	拒绝原假设

五、实证结果讨论

统计结果显示银行间债券市场的做市商报价对价格的引导有一定作用，但并不显著。这和经验观察的结果相吻合，没有配有机制与交易组织的做市商机制在银行间市场并未完全发挥其应有作用。根据交易商协会《关于 2012 年一季度暨 2011 年年度银行间债券市场做市情况及做市商评价情况的通报》：2011 年，做市商做市报价券种买卖合计报价量 53871 亿元，平均单笔报价量仅 2110 万元；做市商做市点击成交量 3579 亿元，仅占全年银行间现券成交量的 0.528%，成交率（成交量占报价量比例）仅 6.6%；平均单笔成交量仅为 1388 万元。这说明此阶段做市商机制对我国银行间市场流动性贡献很小，某种程度也说明其市场尚未有效。这也验证了我们的分析：2007—2014 年间我国银行间债券市场处于做市商机制初步建立阶段，虽然在形式上形成了做市商交易机制，但市场缺乏分层，在交易组织和交易透明度等环节缺乏有效配套。另外从表 5-4 的报价数据来看，大部分债券仅有 1~2 个做市商，这样难以形成竞争效应；这样的交易环境下很难达到制度完备证券柜台市场的信息效率。

第三节　多边柜台交易网络信息效率的实证研究

随着新兴场外交易设施的发展，在交易所上市的股票也渐渐开始在场外交易，比如电子交易网络 ECN，另类交易系统 ATS 等。2007 年 5 月后，SEC 要求所有上市股票的场外交易均需汇报给交易汇报设施 TRF（Trading Reporting Facilities）。TRF 是 SEC 要求各交易所专门成立的用以登记和汇总证券场外交易的设施，用以记录上市证券在交易所以外的交易情况。TRF 涵盖了 230 多个美国境内的证券柜台交易设施，包括内部化交易平台，黑池交易和电子网络交易平台。这些交易设施大多依托于经纪商的证券柜台交易，因此某证券的 TRF 交易量可作为其证券柜台交易量的有效汇总。O'Hara 和 Ye（2011）采用 TRF 的汇报交易衡量证券柜台交易的质量，因为 TRF 汇总数据比较准确反映了某证券的证券柜台交易量，由此 TRF 交易量越高，其证券柜台交易比例则越高。O'Hara 和 Ye（2011）统计的上市证券的总交易量中，约 27% 的交易量均来自证券柜台交易，但其中包括了 BATS 和 DirectEdge 两个在 2011 年经 SEC 批准转为交易所的 ECN，也即 O'Hara 和 Ye（2011）统计的场外交易含有相当一部分事实"场内交易"。本书采用 O'Hara 和 Ye（2011）的计量方法，通过比较同一组股票在证券柜台交易和交易所交易的信息效率的差别，检验证券柜台交易的信息效率。但本书采用2014年最新的交易数据可避免这种样本偏差。

一、研究方法与计量模型

（一）如何衡量证券柜台交易

本书借鉴 O'Hara 和 Ye（2011）的方法，以 NYSE 和 NASDAQ 的挂牌股票为样本，区分其交易所和证券柜台交易，用以比较同一股票基于交易所和基于证券柜台交易的信息效率。因为大部分场外交易都需依托经纪商的证券柜台完成（包括多边交易网络、非公开交易平台），证券的场外交易量等同于其证券柜台交易量。本书汇总四家最活跃 TRF 的交易量之和来代表证券柜台交易，这四家 TRF 是：NYSE TRF，NASDAQ TRF，NSX（National Stock Exchange）TRF，以及 NASD 的 ADF（Alternative Trade Facility），其为 NASD 在 NASDAQ 转为交易所后设立的显示和汇报场外交易的 TRF。

（二）如何衡量信息效率

令 v_t 表示 t 时期证券的真实价值，即其在完全信息显示下未来现金流贴现。因为未来现金流和折现率存在不确定性，由此真实价值 v_t 是时间 v 的函数。令 t 时期公开信息集 H_t，$\mu_t = E[v_t | H_t]$ 为 H_t 在给定条件下证券真实价值的条件期望，此时证券的市场价格为 P_t。在市场弱有效的假设下，价格反映所有公开信息，如果证券市场的交易者之间信息对称，且不计市场摩擦，则证券价格为预期值 $P_t = \mu_t$，取差分可得证券收益为 $r_t = p_t - p_{t-1} = \epsilon_t$，其中 $\epsilon_t = E[v_t | H_t] - E[v_{t-1} | H_{t-1}]$ 表示公共信息集的更新，假如证券收益非序列相关的白噪声过程，则证券价格服从随机游走过程。O'Hara 和 Ye（2011）提出以价格短期波动率、收益自相关系数和方差比检验市场的信息效率。其将随机性的外部信息看作是金融噪声，他们对于股票价格的内在价值不产生任何影响，股价近似随机游走。本书以下列指标考察市场的信息效率。

（1）短期波动率（short term volatitiy）是15分钟级别的收益波动率，粗略衡量交易摩擦，波动率越低则市场效率越高。

（2）收益自相关系数（return autocorrelation）是 15 分钟级别收益的一阶自相关系数，自相关系数越低，价格相关性也越低。

（3）方差比（variance ratio）的定义采用 Lo 和 MacKinlay（1988）的方法，假如股价处于随机行走，定义 15 分钟为一个时间间隔，则 30 分钟收益对数的方差应该是 15 分钟收益对数的方差的两倍；由此定义方差比为 30 分钟的收益对数除以两倍的 15 分钟收益对数再减去 1，此数值越接近 0，则价格走势越近似随机行走，市场的效率越高。

二、数据来源与样本选取

金融市场中，逐笔交易（transaction-by-transaction data）的数据或逐秒记录（tick-by-tick data）的数据是高频数据，时间通常以"毫秒"计量。TAQ 即交易与报价的高频数据库，收录了 NYSE 所记录的从 1992 年至今的 NYSE、NASDAQ 和 AMEX（American Exchange）的全部证券的日内交易和报价数据。本书的证券交易数据取样自 TAQ 数据库和 CRSP 数据库，其中交易量和交易价格取自 TAQ 数据库，用以计算短期波动率、收益自相关系数和方差比；流通股数量取自 CRSP 数据库，用以计算证券市值。

（一）数据选取和筛选

本书选取了 2019 年 1 月 1 日至 9 日[1]所有在 NASDAQ 和 NYSE 交易的证券，按交易场所区分为交易所交易和证券柜台交易[2]。因为美国 SEC 规定所有交易所挂牌股票的场外交易都必须汇报给交易所汇报系统 TRF，因而可通过 TRF 交易数据衡量某挂牌股票的证券柜台交易的总量。样本删除了非普通股、REITS、非美国公司的普

---

[1] 选取不超过 10 天的时间段是因为 TAQ 数据库收录的高频报价数据近年增长极快，2010 年以后的毫秒级别的 TAQ 报价文件已经达到每天 200 亿字节。
[2] 考虑在电子交易网络（ECN）和另类交易系统（ATS）交易的股票也大多在经纪商证券柜台执行，其交易也可看作证券柜台交易，区别于交易所的集中交易。

通股、交易价格 5 美元以下，每日交易量少于 1000 股和交易信息丢失的（SEC Rule 605 信息不全或者不收录于 CRSP 数据库）证券，以及同时在 NASDAQ 和 NYSE 交易的证券，最终样本包括 2965 只股票，其中 1625 个为 NYSE 上市股票，1340 个为 NASDAQ 上市股票。

（二）样本配对

采用 Davies 和 Kim（2008）论述的样本匹配的技术，用以控制诸如股票规模等外生因素，筛选出可选样本用以比较证券柜台市场和交易所的信息效率。配对技术的理论依据来源于 SEC（2001）和 Boehmer（2005），因为交易成本产生差异的因素可能和交易场所无关，比如实证显示市值较小的股票交易成本较高，另也有数据显示该类型股票证券柜台交易居多。若不能排除规模因素的影响，直接推断证券柜台交易成本高就显得说服力不够。因而需要排除外生因素，将所选取剩余的样本按如下方式配对：

（1）将样本股票区分 NASDAQ 与 NYSE 的交易场所，按市值由低到高分别排序；

（2）根据排序分别在 NASDAQ 组和 NYSE 组中每隔 10 只股票选取 1 只待匹配样本 A(Q) 和 A(E)，其中 A(Q) 组含有 134 个样本，A(E) 组含有 163 个样本；

（3）在 NASDAQ 组和 NYSE 组中，按以下配对方法分别找出 A(Q) 和 A(E) 的配对样本 B(Q) 和 B(E)：|市值 A−市值 B|/（市值 A+市值 B）。

经配对，分别在 NASDAQ 中选取了 134 对配对股票 A(Q) 组和 B(Q) 组，在 NYSE 中选取了 163 对配对股票 A(E) 组和 B(E) 组，总计 297 对股票。将 NASDAQ 和 NYSE 的样本组中全部配对样本导出后，将集中交易占比较高的样本计入集中交易样本，占比较低的样本计入证券柜台交易子样本。这样将 NASDAQ 和 NYSE 的配对样本分成了集中交易样本集和证券柜台交易样本集，形成 4 个样本子集：NASDAQ（集中交易子集）、NASDAQ（证券柜台交易子集）、NYSE（集中交易子集）和 NYSE（证券柜台交易子集）。

三、实证结果分析

分别计算 4 个样本子集的信息效率指标。将每天的交易时间分割：NASDAQ 与 NYSE 每天的交易时间为上午 9：30 至下午 4：00，将单支样本股票的每天交易时间每隔 15 分钟分为一段，总计 26 段；若某一时间段内无交易发生，则时间段内的价格与最邻近的前一时间段相等；经此步骤，将每只股票 10 天内的交易数据划分成 260 时段，并计算每个时间段内的平均交易价格。按上文所述计算信息效率指标。

（一）计算各样本子集的收益方差

相邻时间段的收益率计算方法为：（本时间段内交易均价 – 前一时间段交易均价）/ 前一时间段交易均价，计算各子样本集收益率的组合方差，计算样本集内各股票自相关系数的均值和中位数。

（二）计算收益自相关性

计算单只股票的收益自相关系数；以市值为权重，对样本内各股票的收益自相关系数进行加权平均；计算样本集内各股票自相关系数的均值和中位数。

（三）方差率检验

（1）计算 15 分钟的收益对数的波动率。首先计算 15 分钟（1 个时段）的对数收益的均值 $\hat{\mu} = \frac{1}{nq} \sum_{k=1}^{nq} (\ln P_k - \ln P_{k-1})$，$P_k$ 是 k 时刻的交易价格，$nq+1$ 是样本数目；则 15 分钟的对数收益的方差为 $\overline{\sigma}_1^2 = \frac{1}{nq-1} \sum_{k=1}^{nq} (\ln P_k - \ln P_{k-1} - \hat{\mu})^2$。

（2）计算 30 分钟（2 个时段）的收益对数的波动率。

$$\overline{\sigma}_2^2(q) = \frac{1}{m} \sum_{k=2}^{nq} (\ln P_k - \ln P_{k-1} - q\hat{\mu})^2$$

此时 $q=2$，$m = q(nq-q+1)(1-\frac{q}{nq})$。

（3）计算方差率。

$$VR(q) = \frac{\overline{\sigma}_2^2(q)}{\overline{\sigma}_1^2} - 1$$

表 5-8　集中交易和证券柜台交易样本组的信息效率检验

指标	集中交易组	证券柜台交易组	集中 – 证券柜台	P 值
短期波动率	0.127772	0.056649	0.071123	0.18
收益自相关系数	0.049768	0.050202	−0.00043	0.32
方差率	0.576675	0.437982	0.138692	0.39

表 5-9　NYSE 和 NASDAQ 样本组的信息效率检验

指标	NASDAQ		NYSE	
	集中交易 – 证券柜台交易	P 值	集中交易 – 证券柜台交易	P 值
短期波动率	0.138001	0.20	0.013305	0.04
收益自相关系数	−0.04623	0.44	−0.00067	0.32
方差率	0.124279	0.39	0.16401	0.12

表 5-8 和表 5-9 汇总了 297 对 TRF 证券柜台交易样本的信息效率指标的计算结果。检验值越小则市场越有效，市场信息效率越高。表 5-8 将样本分为集中交易组和证券柜台交易组，相较于集中交易组，证券柜台交易组的股票波动率较低，方差率也较低，意味着股价更近似随机波动，信息效率较高；表 5-9 区分 NASDAQ 和 NYSE 的挂牌股票，两组结果均显示证券柜台交易的波动率较低，方差率也较低，验证了表 5-2 的结论。但自相关系数的检验显示证券柜台交易组的检验值略高于集中组，这与 O'Hara 和 Ye（2011）的结果相似，虽然市场效率的三个指标的验证不能得到完全一致的结论，但整体可认为证券柜台市场的信息效率并没有弱于交易所市场。因为样本所取得证券柜台市场 TRF 汇总可视为美国多边电子网络，因此可认为多边电子网络市场的信息效率不弱于交易所市场。

第四节　研究结论与政策启示

第四章的理论研究提出假说：资本市场的发展水平不同，制度和法律环境也有差异，导致市场微观结构不同，由此影响市场的信息效率。本章利用成熟和新兴市场的最新交易数据比较不同形态证券柜台市场的信息效率，检验不同市场微观结下证券柜台市场的信息效率有何变化，研究结论如下。

（1）选取美国 TRF 场外交易汇总代表多边柜台交易网络，其采用做市商交易机制，并设置多边交易组织和分层交易透明度（拥有非公开交易渠道）。本书检验了同一组股票在证券柜台交易市场和交易所的价格的信息效率，显示证券柜台交易价格比交易所价格波动率更低，方差率也较低，意味着证券柜台交易的股价更近似随机波动，信息效率较高；但自相关系数的检验显示证券柜台组的检验值略高于交易所组，虽然信息效率的三个指标不能得到完全一致的结论，但整体可认为多边证券柜台交易网络的信息效率并没有弱于交易所市场。

（2）选取银行间债券市场代表集中柜台交易市场，其引入统一报价、分散成交的做市商交易机制，但并未采用市场分层。检验显示银行间债券市场做市商报价有一定引导作用，但并不显著，本书认为这和银行间债券市场在其他交易制度方面的配套缺失有关，比如交易组织和交易透明度等环节缺乏制度的有效配套，做市商之间的竞争也不够，因而其信息效率仍很难达到制度完备证券柜台市场的信息效率。

（3）选取未引入做市商制度的新三板市场代表分散柜台交易市场，其采用传统的协议交易模式。检验显示市场尚未达弱式有效，说明分散证券柜台交易市场信息效率较低；对比采用做市商制度的银行间市场的信息效率，说明做市商制度对证券柜台市场的信息效率有一定的促进。

（4）以上实证检验可以看出，证券柜台交易市场的制度和法规不同，其信息效率也存在较大差异。美国多边证券柜台交易网络的信息效率不弱于交易所市场，与其采取做市商交易机制，多边交易组织和分层交易透明度等交易制度密切相关，正是基于这样的市场微观结构下证券柜台市场的信息效率才得以提升。因此要提升证券柜台交易市场的信息效率，核心问题是建立配套的交易制度和法律规范。我国证券柜台交易市场的制度建设尚在起步，市场的信息效率较低，因而研究如何制订相应制度和法律规范以提升市场的信息效率是我国证券柜台交易市场发展的重要课题。

第六章

提高我国证券柜台交易市场信息效率的制度构想

本章在以上理论和实证检验的基础上,分析成熟证券柜台交易市场提高信息效率的法规实践,并在此基础上探讨我国的证券柜台交易市场的功能定位,以及提高证券柜台交易市场信息效率的构想。

第一节 海外证券柜台交易市场提高信息效率的法规实践

由第四章海外柜台市场的实践可见,交易机制的选择、交易组织的优化和交易透明度的设置均可提高证券柜台市场的信息效率。本章将在此基础上分析成熟证券柜台市场提高信息效率的法规实践。

一、建立高效信息显示的证券柜台交易机制的法规实践

做市商交易机制的实质是构造了一个信息网络,做市商作为交易中介,在证券柜台市场的组织、产品创设、做市交易等方面发挥极其重要的作用,这和其在交易所市场的仅提供交易撮合服务的定位完全不同:交易所市场证券的托管、交易、结

算都有明确的制度安排，交易中介的作用较小；但在证券柜台市场，做市商作为交易中介的作用大大提升。

（一）建立做市商为主的混合交易机制，构建做市商市场

证券柜台交易市场构建做市商交易机制，主要是为信息不对称的金融产品交易提供交易中介服务。第四章概述了做市商交易机制下市场信息逐步显示的过程。但单一的做市商可能利用信息优势侵害其他投资者的权益，由此市场引入了"订单驱动和报价驱动并存的混合交易机制"（图6-1），为做市商交易机制引入了竞争。同一只证券实行做市商与集中竞价并行的交易制度，即以电子自动撮合竞价制度为主，竞争性做市商为辅，投资者报价与做市商的双边报价共同参与集中竞价。

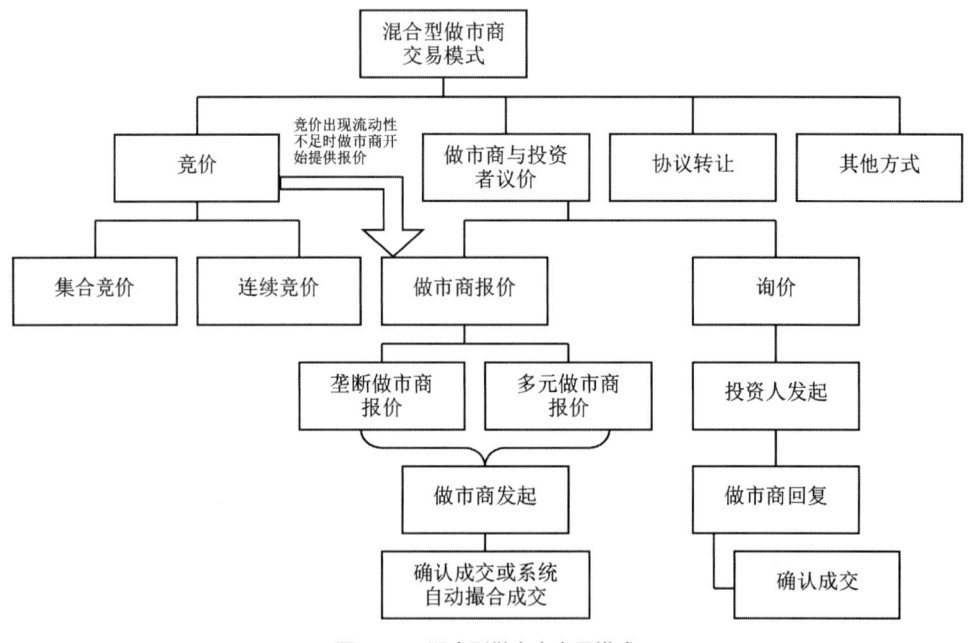

图6-1 混合型做市商交易模式

20世纪90年代以后，大部分证券柜台市场采取混合交易机制，NASDAQ这样的"竞争性报价+集中竞价"的交易模式正在成为主流。混合交易机制弥补了单一做市商制度的缺陷，其保留了报价驱动机制流动性和稳定性高的特点，又引入了订单驱动机制的透明度高和交易成本低的优点，兼具竞价交易机制和竞争性做市商制度的优点，在一定程度上代表了市场交易机制发展的趋势。

表6-1 世界各主要证券柜台市场交易模式的汇总

代表市场	交易机制
NASDAQ市场	竞争性报价＋连续竞价
伦敦证交所	竞争性报价＋连续竞价＋集合竞价
法兰克福市场	竞争性报价＋连续竞价＋集合竞价
欧洲Euroect	竞争性报价＋连续竞价
日本加斯达克	竞争性报价＋连续竞价
中国台湾兴柜市场	竞争性报价＋集合竞价

（二）监管层对做市商交易机制的政策支持

做市商权利义务的平衡是做市商制度得以顺利运行的关键。因为做市商需要连续的双边报价和无条件接受并履行交易订单，其需通过"做市"保持证券柜台市场交易价格的连续、活跃和稳定，即使市场下跌也要履行持续报价义务，由此做市商的持仓面临较大市场风险。如果制度设计对于做市商的权利和义务没有对等考量，可能导致做市商积极性不足。尤其在某些标准化程度较高的金融产品的交易中，传统报价驱动的做市商交易机制逐渐变为以订单驱动为主、报价驱动为辅的交易机制，做市商对订单信息流和自主成交的控制权被弱化，其盈利模式受到很大挑战。由此监管层通过降低准做市商的准入条件和做市义务，匹配做市权利和做市义务的对称性，以扶持做市商的参与证券做市的积极性。对于做市商的扶持政策包括：

（1）可从事自营业务。做市商通过自营交易可平补库存证券或资金余缺，也可在承担风险基础上，获取做市产品的价差收益。

（2）特惠措施安排，如IPO承销资格、新产品开发优先权、一级市场证券优先购买权。

（3）信息优势，比如德交所允许保荐人获知集合竞价阶段未成交的委托数量和延迟披露大宗交易信息。

（4）融资融券的优先权。做市商通过拥有优先融资融券通道保障其可随时获得大笔筹码或资金，方便其履行做市职责。

（5）交易和结算费用的减免。欧美证券市场还设置系列的衍生品，包括远期、期货、期权和互换等，为做市商提供丰富的做空和避险工具。

（6）交易市场相关特殊交易制度的安排，如伦敦交易所的做市商具有同等价位下的优先成交权，而纽交所特许做市商的成交权要低于客户订单的成交权。

二、建立高效信息显示的证券柜台交易组织的法规实践

多边交易网络是证券柜台市场的一种新型的交易组织，将分散的单个券商证券柜台市场联结成交易网络。其植根于证券柜台市场，扩展至机构间市场，是证券场外交易组织的一种革新。李明亮（2013）提出场外多边交易网络促成了"机构投资者市场发展与证券公司创新的互惠共栖"，很好地总结了证券柜台市场和机构间市场的共生共融关系。

（一）以合格投资人制度为基础，构建多边机构间市场

凭借低成本、多样化、高效等优势，新兴多边交易网络已逐渐赢得机构投资者青睐，成为机构间市场的重要交易平台。证券公司等金融机构亦可以证券柜台市场为基础构建多边机构间市场，建立竞争的交易环境以提升市场的信息效率。

机构间市场的一个重要制度基础便是合格投资者制度，由此交易者的构成为理性投资人。在第四章第二节所述完全竞争、局部理性的市场博弈模型中，信息显示的充分度因而大大提高，理性均衡预期也可实现。美国的合格投资者制度已经逐步形成了一种"能够实施自我保护、无需立法注册制度保护"的自律体制，其在实践中强调对基本原则的把握而非拘泥于具体条款，其对机构间市场的监管的一个重要维度是参与者的准入。表6-2展示了私募资本市场合格投资人的准入要求。

表 6-2 美国私募资本市场合格投资人的准入要素

不同维度	细分标准	具体内容
投资者	财务标准 投资经验 投资者人数 资金募集方式	①针对高端人群，对年收入和金融资产持有量都设置了一定标准；②具有丰富的专业知识或相关从业经验；③投资者人数有上限；④只能采取非公开方式募集资金
资产管理人	客户数量和类型	①客户数量有上限，或者只服务于专业客户；②设定资产规模上限；③美国对管理人资质没有定量要求

（二）监管层对多边交易网络发展的制度支持

制度的支持是多边电子交易网络发展的直接推动力，制度构建的目标便是创造更加公平、透明、互连互通和充分竞争的市场环境，促进交易和市场的流动性，提高交易系统的信息效率。美国 1996 年出台《订单处理规则》，2007 年出台《全美市场系统规则》修正案，这两部法案推动 ECN 走入发展快车道；而 SEC 对市场竞争的宽松态度也有利于交易系统之间的良性竞争；欧洲的多边交易平台也是在《金融工具市场法规》出台后进入快速发展期；新兴市场经济体的 ATS 平台发展更和监管层的制度建设关系紧密，韩国第一家 ECN Korea ATS 便是在其资本市场法案修订之后推出。因而监管层的宽松态度和法规制度层面的革新是这些另类交易系统的高速发展最大契机。表 6-3 梳理了各国（地区）推动多边电子交易网络发展的关键性的法规，正是这些法案为证券市场构建多边竞争性交易平台提供了法律基础。

表6-3 各国（地区）推动场外多边交易网络发展的关键性法规

	法案细则	立法动机	法案影响
《订单处理规则》（1997）	要求将优于做市商报价的客户限价订单展示在做市商的报价单内；券商在NASDAQ的报价与其在ECN的报价必须保持一致性，除非该ECN能够在保证其最优价让NASDAQ全体参与者均能看见并接入	规范做市商的交易行为；增强了NASDAQ市场委托驱动的特征，有利于其变得更加公平和有序	通过ECN成交的NASDAQ股票大幅增加，同时ECN的数量也开始大量增加
《ATS规则》（1997）	鼓励ATS与交易所之间的竞争，并且ATS都需要在监管机构登记注册，可选择登记为交易所或经纪交易商	确立了美国另类交易系统监管的基本体制，提升市场透明度和保护投资者	通过ECN成交的NASDAQ股票交易量占NASDAQ的比重大幅增长，2002年ECN在NASADQ的市场份额达44.7%
《全美市场系统规则》（2005）	要求交易中心给股票投资者提供全部市场上的最佳价格，或使交易转移到能提供更好价格的市场上完成	为美国证券市场提供更加公平透明、互连互通和充分竞争的市场环境	NYSE的交易份额从此前超过70%迅速下滑到40%左右，而ECN则从此前的7%增长到22%
《金融工具市场法规》（2007）	主要通过规定运营多边交易设施的投资公司和市场运营者的各种权利或义务，来实现对多边交易设施的规制	把另类交易系统称为多边交易设施，确立欧盟关于另类交易系统的法律规制框架	欧洲黑池交易平台的数量和市场份额显著提升，2011年底全欧黑池交易的市场份额已超过4%

三、建立高效信息显示的证券柜台交易透明度的法规实践

美国证券的监管层（SEC和FINA）为证券的场外交易制定了完整的信息披露体系，但证券交易透明度与信息效率之间并非简单的正相关关系。本书第四章第三节

分析了非公开交易平台和公开交易平台共存可提升信息速率，证券柜台交易市场由此提供分层的交易透明度，在公开交易平台以外设置非公开交易平台；此平台交易的证券可豁免于信息的公众披露，以此将公共信息和私人信息区分开来，实现信息的非公开传递。

（一）以券商证券柜台市场为基础，构建证券非公开交易平台

证券柜台市场构建非公开交易平台的目标是提供分层的交易透明度。非公开交易平台如黑池可交易公开发行的证券，而 PORTAL 平台则专门交易非公开发行的限制性证券，也可看作私募市场。非公开交易平台在市场准入、投资者适当性、交易制度、信息披露和监管制度等方面与公开交易平台存在很大差别，证券柜台市场也因此呈现市场分层。表 6-4 整理了不同层次的证券柜台市场，可看出其层次结构和制度差异。

表 6-4 NASDAQ、OTCBB 市场、粉红单市场和私募市场的交易机制比较

	比较项目	NASDAQ 市场	OTCBB 市场	粉红单市场	私募市场
挂牌制度	上市最低数量要求	有	无	无	无
	对发行人的上市费和维护费要求	有	无	无	无
	发行人申请挂牌上市处理时间	6~8 周	3 天	无	无
交易制度	交易制度	做市商制度为主、委托驱动为辅的混合交易制度	做市商制度为主、委托驱动为辅的混合交易制度	纯粹做市商制度	做市商制度或委托驱动
	实时的电子报价系统	有（1971）	有（1990）	有（1999）	有
	自动撮合交易	有	无	无	有

续表

	比较项目	NASDAQ 市场	OTCBB 市场	粉红单市场	私募市场
监管制度	监管主体	SEC/NASD/FINRA	SEC/NASD/FINRA	SEC/NASD/FINRA	SEC/FINRA
	监管对象	交易过程，做市商，上市公司	做市商	做市商	做市商
	监管手段	上市标准，做市商资格审查，信息披露，强制退市	做市商资格审查，信息披露，强制退市	做市商资格审查	做市商资格审查，未来将关注交易指令对公开市场价格公平性的影响
	信息披露要求	按照SEC要求，充分披露财务信息、经营信息、审计信息、成交价格信息和交易量信息	交易必须在90秒内通过自动确认交易服务系统报告，其他交易在T+1内报告；定期报告财务信息	一般没有要求，特殊情况下要求提供适量的信息	根据D条例，信息披露因投资者资格不同而有所不同，对QIB不要求发行人主动提供特定信息

（二）监管层对证券非公开交易平台的制度支持

非公开交易平台一般分为两类：一类供公开发行证券的非公开交易，比如黑池交易系统，其一般在SEC注册为证券自营商类别的另类交易系统（ATS）；另一类供非公开发行证券的非公开转售，是私募证券的转售平台。两者虽然都是证券柜台非公开交易平台，但豁免交易报告披露的制度基础并不相同。

1. 为公开发行证券的非公开交易提供制度支持

为公开发行证券的非公开交易提供便利的交易平台（即黑池交易平台）可注册为另类交易系统（ATS）。其通过交易规则的设计使得交易几乎局限于黑池内部，其他投资者无法了解到黑池内的信息，也无法针对具体的交易进行投机，从而保证了交易过程中的信息保密性，具体规则如下：

（1）交易平台的封闭性。仅对会员或少数合作交易平台开放。

（2）交易前信息不公示。仅通过交易意向单的方式在黑池内显示订单信息。

（3）借助 ATS 公示义务门槛豁免于订单详细公示。ATS 要求某一只股票月均交易量在过去的 6 个月内有 4 个月超过全国月均交易量的 5% 时，才需公布其内部相应股票的最优报价订单的详细信息，其他交易信息可豁免公示。

但类似黑池的非公开交易平台的适当性在成熟市场仍有争议。2010 年以来 SEC 提案《非公开交易意向规则》建议加强黑池交易的信息公示，以期在不过度打压善意的市场非公开流动性的同时提高市场的透明度。但大部分从业者认为非公开交易平台具有实践意义：非公开的交易可降低市场冲击和扩大交易规模。这些优势不仅适用于大单交易指令，而且适用于流动性较差的证券的小额交易，因而非公开交易平台有存在必要。

2. 为非公开发行证券的非公开转售提供制度支持

证券的非公开发行证券即私募，证券发行后的再转让按证券性质有所区分：公募证券的流通称为交易（transaction），而私募证券的流通称为转售（resale），二者本质相同。在实行注册制的国家，证券公开发行要求强制的信息披露，而非公开发行则可豁免注册发行，不需全面的信息披露，因此私募发行较之公募发行更为快捷简便，成本也相对低廉；但为防止发行人通过转售来架空发行环节，私募证券的转售相对公募证券，在交易主体、交易方式和交易市场等多个方面表现出受限制性（表 6-5）。PORTAL 系统是美国证券交易委员会根据 144A 规则为机构投资者筹建的专

表6-5　非公开发行和公开发行证券的交易转售比较

	非公开发行证券的转售	公募证券的交易
交易市场	场外为主，一般在单独的限制性证券转售市场	场内场外均可
交易主体	合格投资人	无限制
交易方式	非公开交易	无限制
交易条件	限制性转售，转售条件较之公募更严格	自由转让
交易报告	较为简洁的信息披露要求	严格的信息披露和交易报告

业化的私募股权转让市场，主要的参与者是机构投资者。

私募证券转售的法律依据是 144A 规则，其规定向符合条件的"合格机构买方"转让私募证券可以豁免注册，且无持有时间和转让数量等严格限制。144A 规则立法意图是针对非注册证券创设一个"流动性更好、更有效率的机构转售市场"，其突破了私募证券转售限制的规定，因此 144A 规则是一个安全港规则，为"不可互换的"限制性证券转售给合格机构买家提供了一种豁免《证券法》注册要求的交易途径。144A 规则主要包括四个方面的内容。

（1）所售证券的"非替代性"。所售证券既没有在全美证券交易所挂牌，也没有在全国证券商自动报价系统交易。

（2）"合格的机构购买者"。《144A 规则》项下转售交易对象必须为"合格的购买者"。"合格的购买者"包括三类：第一是拥有非关联机构发行的价值 1 亿美元以上的任何机构（包括保险公司、投资公司、雇员收益计划、银行、储蓄信贷协会），其中银行和储贷协会至少拥有 2500 万美元的净资产额；第二是作为代理人的证券交易商，其必须自身拥有非关联发行人发行的 1000 万美元以上证券；第三是全体股权所有人。

（3）信息要求。规则规定如果发行人非《1934 年证券交易法》中的报告公司，也不属于《405 规则》所界定的依《1933 年证券法》附则进行注册的外国政府发行证券，购买人并不需要利用该规则获得发行人额外的信息。

（4）发行人及其代理人需要向购买人告知其利用该规则将适用豁免的规定。

SEC 通过 144A 规则为私募证券的转让开辟了安全港，通过豁免的制度设计把私募证券受让人锁定为合格机构投资人 QIB（qualified institutional buyers），而合格机构投资人之间的证券转售时，私募证券持有人可不被认为"承销商"，从而豁免于繁琐的转售注册。PORTAL 市场即是在此规制下推动建立的投资者资质界定严格，具有合理交易报告和信息披露制度、豁免制度的非公开交易平台。其创造了一个封闭的"合格的机构购买者"之间转让私募证券的交易市场，而基于券商证券柜台的 PORTAL 交易联盟已经成为与公募市场分庭抗礼的私募交易市场。

第二节 我国证券柜台交易市场发展的现实基础

第五章的实证检验显示我国证券柜台交易市场的信息效率整体较低，这和我国还未建立起有利于信息显示的证券柜台交易制度有关。没有交易制度的便利，市场的私人信息难以充分地显示，市场的信息效率也较低。参照海外经验，要推动国内证券柜台市场的快速发展，首先要厘清其功能定位和发展瓶颈，然后从制度设计上予以破题。

一、我国多层次资本市场的发展格局

我国场外交易市场发展已有二十多年，逐步形成了代办股份转让系统、区域股权交易市场、证券公司证券柜台交易市场多种板块并存的场外市场交易格局。我国场外交易市场的结构如图6-2所示。

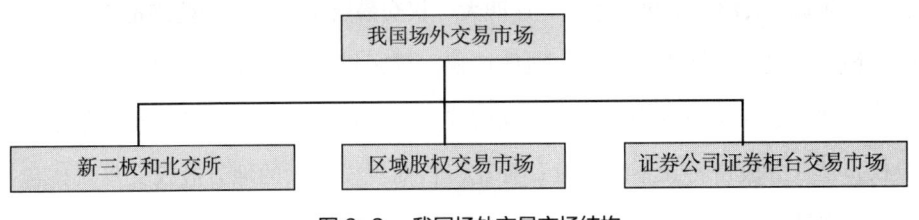

图6-2 我国场外交易市场结构

（一）新三板和北交所统

全国中小企业股份转让系统于2013年1月正式挂牌，为国务院批准设的证券场外交易所，并由证监会负责挂牌公司的准入和持续监管。其定位为非上市公众公司全国性的挂牌和交易平台，也是市场俗称的"新三板"，已经成为资本市场服务中小企业融资的主要平台。

新三板市场在发展早期，由于挂牌公司质量参差不齐和投资门槛过高等原因，未能很好的发挥资本市场的投融资功能。但自 2019 年一系列改革举措之后，如降低投资者资金门槛、正式设立精选层等，新三板秩序得以重建。2021 年国家深化新三板改革，设立北京证券交易所，总体平移新三板精选层各项基础制度，这就形成了新三板基础层、创新层与北京证券交易所"层层递进"的市场结构。

新三板市场的发展定位和交易机制可比照美国 OTCBB 系统，主要体现在：首先挂牌公司倾向小规模、高科技、初创期的新兴行业，要求为主营满两年的国家级科技园区的高新技术企业，主营业务突出，并具有持续经营能力等，对具体的财务指标要求相对宽松；交易制度并行实施协议、做市和竞价三种交易机制，其中做市业务 2014 年 8 月上线；推行公司挂牌备案和主办券商制度，挂牌公司由主办券商向中国证券业协会推荐备案；推行合格投资人制度。

（二）区域股权交易市场

我国区域股权交易市场定位可比照美国的区域性场外市场，区域股权交易市场主要包含地方产权交易机构和地方股权交易机构。地方产权交易机构是以产权为交易标的，由省市一级地方政府审批组建的交易平台。其中全国性产权交易所有四个，分别位于北京、天津、上海和重庆。这四大产权交易所交易资产的范围都十分广泛，物权、债权、股权、知识产权、土地使用权、排污权等都可以在这四大交易所中进行交易。地方股权交易机构是各地建立的非上市股权交易平台。其经营特色是仅交易股权，是代办股份转让系统的有益补充。目前规模较大的地方股权交易机构包括天津股权交易所、上海股权托管交易中心和重庆股份转让中心等。

（三）证券公司证券柜台交易市场

证券公司柜台交易市场作为我国资本市场基础板块，旨在解决我国"资金多投资难、企业多融资难"的困惑。通过证券柜台市场在资金融通、信息显示、市场定价等方面的独特作用，促进整体市场组织、制度、产品和功能的多层次创新，提高金融资源配置效率，实现资本市场与实体经济多元化融资需求之间的良性对接。

《证券公司证券柜台交易业务规范》中指出:"证券公司证券柜台交易是指证券公司与特定交易对手方在集中交易场所之外进行的交易或为投资者在集中交易场所之外进行交易提供服务的行为。"证券公司证券柜台交易市场主要以机构客户为主,证券柜台市场正推进投资者适当性管理制度,根据产品性质制定不同的投资者准入标准,并通过推行风险评级和客户分类和制度,匹配不同风险偏好的客户和不同风险级别的产品。在交易制度方面,证券柜台交易业务将以协议交易为主,同时尝试开展报价交易或做市商交易机制。证券柜台交易产品定位为私募产品,市场建设初期以代销金融产品为主,随着证券柜台市场逐渐发展壮大,将以证券公司自主设计开发的产品为主,实现交易产品种类的多样化。监管机构正逐步扩大并放开证券公司柜台交易的试点范围,已有数十家券商获得了证券柜台交易市场试点资格;另外证券公司证券柜台市场也尝试组织多边电子网络,中国证券业协会发布机构间私募产品报价与服务系统,意图连接各个"孤岛"式的证券柜台,实现各个证券柜台之间的信息互通,推进私募产品跨机构、跨市场交易。已经有数十家证券公司证券柜台市场实现与报价系统的联通,一个场外的机构间交易网络正在形成。

二、证券柜台交易市场的功能定位

我国的证券柜台交易市场仍处于发展起步阶段,主要问题有:上柜产品品类较少,个性化产品创设能力有限,在债权、衍生品等非标准化产品方面较少;以协议交易为主,还未开展报价交易和做市商交易机制;与产品相关的托管、清算、估值等一整套后台支持体系和风险控制体系尚在探索。制度不健全的首要原因是市场功能定位不明。海外经验显示,证券柜台交易市场可充分利用其中介和市场结合的组织特点,利用制度的便利性和自主性打造基于证券柜台的信息网络和流动性网络,提升市场信息效率。我国资本市场的层次发展也需要构建这样的信息网络,因而我国证券柜台交易市场应致力于打造资本市场的信息利基市场,包括做市商市场、机构间市场和非公开交易平台,实现以下功能:

(1)为金融产品交易提供做市服务。随着我国金融市场的发展,可交易的金融资产种类也会逐步扩大，如外汇、黄金等现货交易，信用风险缓释工具、外汇远期等其他金融衍生品交易；大宗商品现货交易等投资限制也将逐步放松。这些产品一般标准化程度较低，交易条款需个性化定制。而投资者主要是机构，对流动性要求较高，交易方式要求灵活。而为这些非标准的金融产品提供做市交易服务是证券柜台交易市场未来的重要发展方向。

（2）为机构投资人提供机构间的交易联通服务。证券柜台市场是大宗交易平台以外不可或缺的机构交易场所，尤其非标准化和复杂金融产品的交易离不开券商的产品设计和定价。对于我国机构间市场的功能定位，长期而言应类似美国的 OTC Link 等多边电子交易网络。但交易兴盛的重要前提是金融产品的丰富，因而短期内机构间市场可定位为一个场外金融产品设计和销售的 B2C 交易平台，产品类别逐步覆盖权益类、债权类和金融衍生品；而随着多层次发行和交易制度建设的完善，未来的机构间市场将成为一个全功能、多层次的电子交易平台。

（3）为合格投资人提供非公开交易服务。非公开交易服务源于机构投资人对信息私密性的需求。非公开交易平台的交易可以协议价格进行私下交易，避免信息泄露；同时交易迅速，成本低廉，不需要为交易信息付出额外的成本。券商在私募平台的业务核心是交易、杠杆业务，同时也为客户交易的所有产品提供集中结算托管，以及技术支持、后台运作、风控、估值等全方位服务。

我国证券私募市场长期而言应发展成为类似美国 PORTAL 市场之专门交易限制性证券或非公开证券的平台。我国私募资本市场的定位应是为"特定人群"的"特定风险偏好"匹配有"特定收益"金融产品，通过制定恰当的投资门槛，将来源于少数富有阶层的资金通过积极投资追求超额收益；同时通过不同的豁免条件，约束私募资本市场对社会公众的影响范围。各金融机构应尽快建立和完善其证券柜台交易系统和主经纪商平台，为高净值客户提供私募产品，为私募机构提供综合服务。

第三节　提高我国证券柜台市场信息效率的交易制度

从海外经验看，证券柜台交易市场的建设可丰富资本市场层次体系，也为客户提供了多样化的产品，满足了交易者个性化的资产配置和综合财富管理需求，实现了多层次资本市场与多元化投资者的良性对接；另外，证券柜台市场为投行拓展了交易、托管、融资和投资四项基本功能，为投行的资本中介业务的发展提供了平台，是投资银行由单纯经纪商向现代投资银行转型的重要基石。信息不对称是制约证券柜台市场发展的关键问题，提高证券柜台交易市场的信息效率需要在交易机制、交易组织和交易透明度等方面进行制度设计。

一、证券柜台交易市场发展的关键问题

参照海外市场的发展经验，证券柜台市场的发展关键在于信息网络和流动性网络的构建，因为信息问题始终是证券柜台交易的最大瓶颈，作为证券柜台市场的组织者，做市商在市场建设中发挥着重要作用，其主要提供以下三个功能。

（1）构建私密的信息网络。私募资本市场之所以发展迅速源于其成本优势和信息的专业处理优势，证券柜台市场可在资本市场创建私密的信息渠道，形成半封闭市场，证券柜台市场交易中介的市场组织功能由此得以发挥。

（2）作为交易中介组织市场，完善市场运行规则，维护市场运行秩序。做市商参与市场流动性，提供信息发布，在发行人质量控制及合格投资者制度建设等多方面具有主动性，因而能够在完善市场规则和维护市场秩序方面发挥主导作用。

（3）作为资本中介提供产品创设，发行和交易做市服务。证券柜台市场的做市商可利用结构化产品设计手段将风险分层，设计固定收益产品承接低风险资金，并将自身资本金投于二级市场和股权市场等高风险市场，或承担并购基金、私募股权

基金等私募资本市场交易资本中介。

二、提高证券柜台交易市场信息效率的制度创新

证券柜台交易市场应充分利用其金融中介和金融市场结合的特点,利用制度的便利性和自主性打造证券柜台市场的信息网络和流动性网络,提升市场的信息效率。可通过交易制度设计构建分层证券柜台市场,提高市场的信息效率,其建设目标包括:做市商市场,机构间市场,非公开交易平台。根据第四章的市场微观结构分析,证券柜台交易制度主要应从交易机制、交易组织和交易进程三方面入手,主要的制度设计原则如下。

(一)交易机制设计:推动构建做市商为主的交易机制

证券柜台交易市场应推行混合型交易机制,即做市商与集中竞价并行的交易制度,若证券流动性较好,可以电子自动撮合竞价制度为主,竞争性做市商为辅;流动性不好的证券应推行做市商交易机制。按"价格优先、时间优先"的原则进行交易,由此既有报价驱动机制的流动性和稳定性,又引入订单驱动机制的高透明度和低交易成本。

(二)交易组织设计:构建基于证券柜台的机构间市场

证券柜台市场应设置多边交易平台,建立机构间的互联网络,这样可将传统做市商的分散报价,以及经纪商的客户委托和自营订单都集中到电子网络平台,交易的网络化组织可提供更好的流动性,还可抑制大做市商的垄断报价行为,降低价差。

(三)交易透明度设计:以券商证券柜台市场为基础,构建非公开证券交易平台

证券柜台市场应设置非公开交易平台,该平台针对市场非公开的流动性,只向专门的客户开放,比如重要客户或另类交易平台等。非公开交易平台应保证信息的私密显示,不对外发布即时行情。非公开交易平台可通过订单簿撮合的方式成交,自动对盘的过程由非公开交易平台自身控制,以保留私人信息渠道,保护机构的交易策略不被其他投资人知悉。

第四节 提高我国证券柜台市场信息效率的顶层设计

证券柜台交易市场发展主要的瓶颈在信息不对称,因而需要以制度创新推构建证券柜台市场"金融中介+金融市场"的运营机制,推动证券柜台市场发挥其信息生产和信息显示机制,提高证券柜台市场的信息效率,借以完善证券柜台市场的资源配置功能。本节借鉴海外证券柜台市场的经验,同时结合我国资本市场发展现状,提出提高证券柜台市场信息效率的制度路径。

一、建立有限监管理念,推动行业自律监管

在各种商品和资本市场中,市场在经济体制中的基础作用都是资源配置的手段。在完美市场机制下,市场可通过自发调节实现资源配置效率最大化,但市场摩擦和缺陷的存在使得完美市场在现实中并不存在。证券柜台交易市场的信息不对称尤其突出,但这并不代表市场机制可以被取代。本书分析了不对称信息下如何构建证券柜台市场的信息机制,以提升证券柜台市场的信息效率。证券柜台市场的监管重点应该在于培育和完善市场,而非取代市场机制。应从建立市场秩序的角度考虑监管的范围和重点,但更应尊重市场主体的意愿和自治来设计市场化的监管机制。

具体而言,证券柜台市场发行和交易相当数量的非公开发行证券,即私募证券。私募市场和公开市场的监管理念应有所不同:公开市场重在保护社会公众投资者利益不受损害;私募市场发挥证券非公开发行的制度优势便利融资,推动金融创新。因而证券柜台市场可根据交易品种不同区分公开发行证券和非公开发行证券,并对非公开发行证券实行自律和有限监管。比如美国的 NASD 承担了组织和监管场外市场的主要职责,特别是对做市商做市行为的监管。在监管手段上,除了行使处罚权

（NASD 有权惩处违反 NASD 规章或联邦证券法的会员公司及其注册雇员），更主要的是借助技术手段建立了高效的电子化报价系统，这不仅促进了市场的发展，也为有效市场监管创造了技术条件。

二、充分发挥券商证券柜台市场的主体作用，构建证券柜台市场信息机制

第三章分析了金融中介作为证券柜台市场的独立参与主体，积极地进行金融产品创新和推动金融转换，对证券柜台交易市场的信息生产和显示起到不可或缺的作用。而海外经验显示，投资银行在证券柜台交易市场充当交易中介，推动金融证券化和市场化的进程。具体而言，投行或券商作为证券柜台市场的组织者主要起到四个作用：流通平台的提供者，产品发行的管理者，市场规则的制定者，信息披露的管理者。

（一）流通平台的提供者

证券化产品的流动性是核心竞争力，因而券商在证券柜台市场承担的首要角色是流通平台提供者。可考虑结合其现有业务发展，扩展专项资产管理计划的交易平台，推动证券化产品在证券柜台市场开展质押式回购，推动信贷资产证券化项目在证券柜台市场的发行和交易。同时在交易机制上引入做市商制度，提供双边报价服务，时机成熟时推行混合交易机制。

（二）产品发行的管理者

注册制和备案制是未来金融产品审批方式的发展趋势。在我国逐步建立合格投资人制度和私募发行制度等法规的基础上，证券公司可发挥市场化发行管理的职能，推动金融产品的创新和完善市场。

（三）市场规则的制定者

证券柜台市场属于场外市场，以自律型监管为主，行政监管为辅。因而证券公司作为市场的组织者应协助监管机构制定市场规则，包括市场准入和行为规则，可对参与方实行会员制管理，提高市场的自律性。

(四）信息披露的管理者

研究表明市场透明度并非越高越好，需根据不同的市场环境和交易特点确定合适的市场透明度。据此证券公司应指定信息披露细则，并可考虑根据投资人和交易产品的不同需求进行市场透明度的分层，建立类似黑池等非公开交易平台。

三、鼓励证券柜台市场的产品创新，丰富证券柜台市场的信息生产

研究显示，金融产品创新是克服交易成本障碍和缓解风险约束的有效途径，通过金融产品创新可以增进交易效率，优化市场对资源的配置。如第三章分析，证券柜台交易市场通过金融产品创新起到完备资本市场的作用，而证券柜台私人信息的生产也是后续信息显示的基础，因此推动证券柜台交易市场的金融创新至关重要。我国目前的金融产品体系远未能满足日益丰富的社会风险偏好谱系。从国际经验来看，证券柜台市场可根据特定投资和交易需求进行产品创新，形成一个从衍生产品、基金产品到资产证券化产品、货币产品的完整的产品体系。证券柜台市场产品创新功能的发挥需要建设合适的制度环境，鼓励券商等金融中介发挥专业能力进行产品创新，以满足社会投融资体系的非标准化交易需求。

证券柜台市场产品创新功能的发挥需要合适的制度环境，即对证券产品的上柜发行应采取宽松监管导向，具体制度包括：（1）证券柜台市场采用证券发行注册制。无须监管部门设定上柜证券的门槛，只须证券柜台市场的组织者在监管部门登记，履行信息披露义务。（2）实行发行保荐人制度，充分发挥市场制衡的作用。比如扩大证监会指定的《证券发行上市保荐业务管理办法》的适用范围，为证券柜台交易证券上柜也实行保荐人制度，由此对证券柜台市场的金融机构施行机构监管。

从产品创新趋势来看，金融机构在证券柜台市场可着重发展三类产品：财富管理类、资本中介类和风险管理类。财富管理类主要包括定向资管、现金管理产品、第三方财富管理、夹层资金、理财资金池托管、基础设施债权投资、基金收益互换和另类投资等。资本中介类主要包括股票质押式回购、融资融券、约定式购回交易、非上市非公众股权、资产支持证券、中小企业私募债、REITS、收益凭证、市值管

理、过桥融资和 PE 二级市场份额等。风险管理类主要包括对冲集合理财、股票收益互换、利率互换、非标准化期权和结构性产品等。

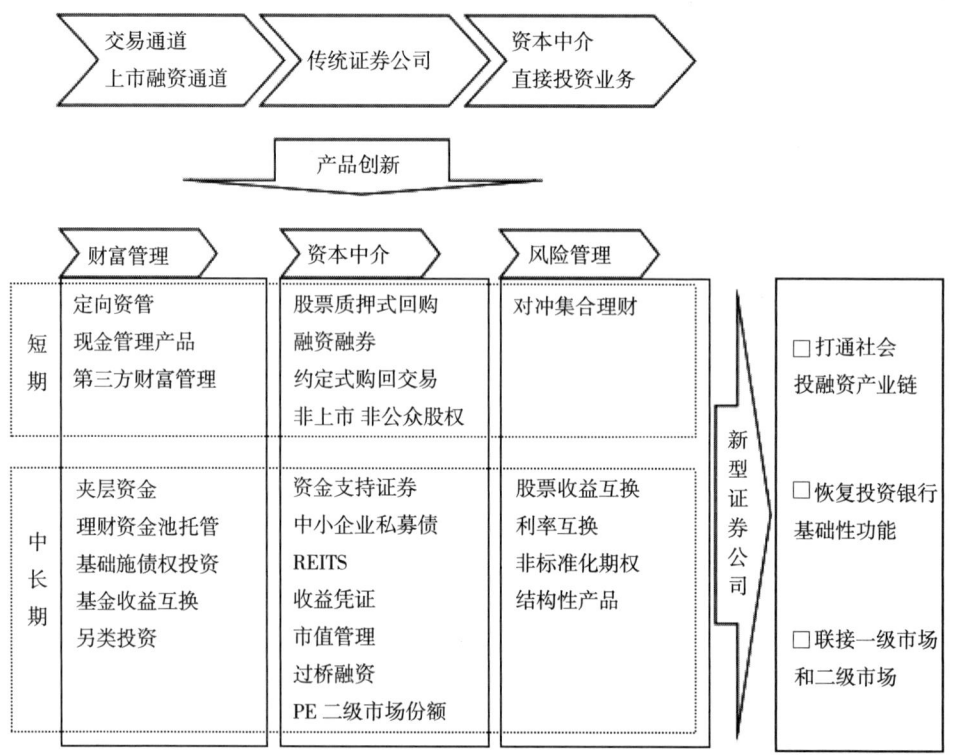

图 6-3　证券柜台市场的产品创新规划

四、建立以做市商交易机制为主的混合交易机制

海外经验表明，做市商交易机制是证券柜台交易的主要交易机制，尤其在低层次市场，做市商交易机制在增强市场流动性、维持价格稳定和提高信息效率等方面的优势明显。虽然随着证券柜台市场的成熟壮大，混合交易制度开始大行其道，但我国证券柜台市场发展还处于起步阶段，做市商在产品设计、维持交易及价格稳定和引入流动性等各个环节上都起到了至关重要的作用，是证券柜台市场运转的核心环节，引入做市商制度势在必行。

我国证券柜台交易市场在建设之初适宜采用做市商交易机制，随着交易产品流动性的不断提高，可逐步过渡为混合交易模式，比如引入电子化做市交易系统，该系统可同时具备报价、议价、交易执行和交易后信息报告等功能。另外随着券商证券柜台市场的不断成熟，在交易产品的不断丰富、市场流动性增强的基础上，可根据交易产品的性质和标准化程度的差异，有针对地施行混合交易制度。比如，对非标准化和限制性的私募证券，采取做市商"报价+协商"的交易方式；对标准化程度较高和非限制性证券，当其发展到一定规模时可引入竞价交易制度，最终建立起电子集中竞价和做市商双边报价共存的混合型交易制度。证券柜台市场的形态也逐渐由单个证券柜台市场演变为集中证券柜台市场和多边证券柜台交易网络，实现信息效率的逐步提升。

五、建立合格投资者制度

海外场外市场的发展经验显示，机构投资人，特别是私募股权基金和对冲基金的存在是证券柜台交易市场发展的重要条件。机构投资人积极投资的策略产生出多样化和复杂化的交易需求，成为证券柜台业务的重要需求。可以预见在金融脱媒和金融市场化的趋势下，中国也会迎来机构投资人的大发展，在此背景下机构间市场和私募资本市场也将迅速发展，这也是证券柜台交易市场重要的细分市场。由此建立合格投资者制度，对促进市场分层和发展证券柜台市场意义重大。

另外对于非公开交易而言，合格投资者制度是不可或缺的，由此才可构建有效的非公开信息渠道。对于非公开发行的私募证券而言，由于合格投资者不属于公众投资者范畴，因此在不损害公众利益、豁免相关注册要求的前提下，私募证券可在非公开交易平台有效转售。而通畅的转售市场反过来还可促进私募证券的发行，从这个意义而言合格投资者制度对于非公开发行和交易都意义重大。构建投资者分类制度应当有前瞻性，应考虑合格投资人制度如何配合机构间市场的发展，以及私募证券转售市场的发展。新市场发展之初投资人的准入可采用注册制，辅以一定的信息披露和报告机制以保证其资质，待市场发展到一定程度，再逐渐优化和简化相关制度设计以维护信息非公开渠道。

六、进一步完善证券非公开发行和交易制度

海外经验显示，私募类产品将成为证券柜台交易市场未来发展的重点。多元化且极具弹性的非公开发行体系是私募证券蓬勃发展的根本原因。比如美国的证券监管和立法机构便十分重视对私募证券发行的豁免，并特别立法提升私募证券转售市场的流动性。除《D条例》和《144A规则》外，SEC和FINRA还为小额发行提供了州内豁免、A规则等众多非公开发行的豁免通道，再加上众筹、PIPE等非公开融资渠道，完善的非公开发行制度是活跃场外市场的必要条件。而《144A规则》更解决了私募证券转售市场的流动性问题，这从PORTAL市场的发展历程可见一斑。

就我国证券柜台市场发展而言，非公开发行制度的缺失已经成为场外市场发展的主要瓶颈，这直接导致证券柜台市场缺乏适宜的证券产品。可参考SEC的立法精神构建适合我国的证券场外非公开发行制度，应明确可豁免公开发行申请的情况，允许私募发行，并仿照美国《144A规则》在合格机构买方间建立私募证券的转售市场。

第五节 本章小结

制度经济学认为制度演变是经济体为解决内在需求而内生的结果。证券柜台交易市场发展主要的瓶颈在信息不对称，因而需要以制度创新推动证券柜台市场构建"金融中介+金融市场"的运营机制，优化其信息生产和信息显示机制，提高证券柜台市场的信息效率，借以完善证券柜台市场的资源配置功能。制度创新的目标是

构建分层的证券柜台市场：做市商市场，机构间市场，非公开交易平台。交易制度的构建是证券柜台市场发展的关键问题，构建的原则有三：构建做市商为主的交易机制，设置多边交易平台，设置非公开交易平台。

参照海外证券柜台市场的经验，提高证券柜台市场信息效率的制度路径包括：建立有限监管理念，推动行业自律监管；充分发挥券商在证券柜台市场建设的主导；建立以做市商交易机制为主的混合交易机制；建立合格投资者制度；进一步完善证券非公开发行和交易制度；鼓励证券柜台市场的产品创新，推动金融产品多样化。

第七章

总 结

本书从信息经济学和市场微观结构的角度研究证券柜台交易市场的信息显示机制和效率,论证怎样的交易制度可提升信息效率。主要围绕以下问题:(1)证券柜台交易市场的信息效率如何?(2)怎样衡量证券柜台交易市场的信息效率?(3)证券柜台交易市场的信息效率影响因素为何?(4)如何提升证券柜台交易市场的信息效率?围绕这四个问题,本书作了如下讨论:(1)证券柜台市场的信息结构和信息显示;(2)证券柜台市场信息效率的影响因素;(3)不同微观结构下证券柜台市场信息效率比较;(4)提高证券柜台市场信息效率的构想。

第一节 主要的研究结论

第一,证券柜台市场是非标准化金融产品的交易平台,其因承担更高的金融风险,信息结构具有天然的层级,市场因而天然存在信息不对称。信息不对称将影响市场显示信息的能力,由此影响市场配置资源的效率,因而解决证券柜台市场的信息不对称问题至关重要。

第二，证券柜台市场的信息显示具有渐进性的特点，证券柜台市场可逐渐显示私人信息，但仅在理性预期的条件下的信息才能完全显示。证券柜台市场的信息显示还具有复杂性的特点，市场在完全显示信息和完全不显示信息之间有多种结果。市场有效仅是信息显示的一种经济后果，而在半强有效与强有效市场之间，还存在许多中间状态的市场有效，因而可从信息显示的充分度和速度方面衡量证券柜台市场的信息效率。

第三，市场微观结构影响证券柜台市场的信息效率。证券柜台交易市场在不同的市场微观结构下发挥多重博弈和信息显示的功能，可能产生三种类型均衡：信息完全显示的分离均衡，信息部分显示的准分离均衡和信息完全无法显示的混同均衡。而市场信息效率的主要影响因素包括：交易机制决定交易指令提交的时间和方式；交易组织通过影响交易策略，继而影响信息显示充分度；交易透明度影响交易者学习，继而影响信息显示速率。

第四，证券柜台交易制度作为一个信息系统，可通过改变市场微观结构改变信息显示机制，继而影响市场信息效率。交易制度是博弈规则，它既影响交易者的获得信息的能力和动力，也影响交易者的博弈策略，最终会影响信息效率。其主要机制包括：通过做市商报价机制可逐步显示私人信息；设置多边证券柜台交易网络，其较之单个证券柜台的信息显示更充分；设置证券柜台非公开交易平台，其较之仅设置公开交易平台，信息显示速率更快。

第五，我国证券柜台交易市场应以交易制度的建设提升市场的信息效率，建立基于证券柜台的交易商市场、机构间市场、非公开交易平台。制度变革也是市场内生需求，主要配套制度包括：建立有限监管理念，推动行业自律监管；建立以做市商交易机制为主的混合交易机制；建立合格投资者制度；进一步完善证券非公开发行和交易制度；鼓励证券柜台市场的产品创新，推动金融产品多样化。

第二节　政策建议

本书强调理论研究与应用性研究的相结合，主要是从微观层面来剖析证券柜台交易市场的信息机制，优化证券柜台市场的资源配置功能。因而政策建议主要针对市场的交易商而言。

一、建立柜台市场证券产品上柜准入制度

目前我国证券柜台市场最明显的问题是上柜产品品种少，而缺乏有效的信息生产将严重阻碍证券柜台市场信息机制的发挥，更不利于证券柜台市场的金融创新。究其根源，并非证券柜台市场主体-券商缺乏创新动力，主要是我国对于金融产品发行仍采取审批制，比如《证券公司私募产品备案管理办法》要求证监会未明确审批或备案的私募产品，须事先向协会申请专业评价，这将严重抑制市场主体的创新动力。本书认为应建立证券柜台市场证券产品上柜的准入制度，赋予交易商等市场主体以产品创设的自主权。具体而言应区分公开和非公开发行的证券产品，对于非公开发行产品，在不损害公众利益的前提下可考虑由发行人向证券柜台市场申请挂牌交易，或由交易商自行创设，并向协会报备即可。

二、建立全国统一的证券柜台交易制度

证券柜台市场的信息机制依托于市场公平交易的环境，因而做市商在证券柜台做市和交易需要建立一定的交易制度。由于各分散证券柜台未来将联结成交易网络，可考虑制定全国统一的证券柜台交易制度，树立交易商与客户交易的原则：即交易

商负有公平交易义务,不得利用与现行市价无合理关系的报价,获取不当利润。证券柜台交易制度的制定最主要是防范内幕交易和操纵价格,保证交易价格的公平和公开。可参考美国 FINRA Rule 5310《最佳执行和插队交易》(Best Execution and Interpositioning),其要求做市商应以市场最优价格执行客户的交易指令;规定经纪商给客户的成交价格不得劣于券商间报价系统显示的当前最优报价;不允许第三方突然插队,抢先获得价差优势。另外市场发展初期,在允许做市商合理利润时亦须考虑保护投资人利益,可考虑引入加价或折价限制。

三、建立健全做市商信息披露制度

世界大多数市场对于做市商的相关信息披露都有明确要求,比如通过信息报告制度要求对证券收盘价、成交量、市场份额、报价真实性、价差和连续性等定时汇报。因而我国应建立健全做市商监控机制,进一步完善做市商信息报告和信息披露制度,提高做市商的报告信息的质量和频度;在实行定期报告和披露的基础上,对重大事项也应及时报告和披露。但需要注意,市场的最佳透明度不一定是最大披露。做市商信息披露程度应与承担的风险挂钩,体现证券业务风险和收益对称性的本质。做市商承担风险越大,其信息披露程度就越低,并且还应获得一定程度的信息优先权。

参考文献
REFERENCES

［1］阿兰·莫里森，小威廉·维尔勒姆.投资银行：制度、政治和法律［M］.何海峰，译.北京：中信出版社，2011.

［2］白冰，逯云娇.中国场外市场发展研究——基于国内外场外交易市场的比较分析［J］.经济问题探索，2012（4）：111-118.

［3］陈雨露，汪昌云.金融学文献通论·微观金融卷［M］.北京：中国人民大学出版社，2006.

［4］陈静.台湾兴柜市场对大陆场外交易市场建设的启示［J］.产权导刊，2013（2）：32-34.

［5］陈峥嵘.证券柜台市场培育和建设中的证券公司——基于证券公司市场组织功能的视角［J］.证券市场导报，2013（2）：19-29.

［6］陈峥嵘.金融危机下美国投行发展趋势及其启示［J］.国际融资，2010（1）：57-61.

［7］崔志娟，田昆儒.柜台市场做市商制度交易成本分析［J］.现代财经（天津财经大学学报），2009（8）：41-44.

［8］冯巍.做市商制度研究［R］.深圳：深圳证券交易所综合研究所，2001.

［9］谷小青.美国高收益债券市场的发展及启示［J］.银行家，2010（11）：78-81.

［10］顾功耘.场外交易市场——法律制度构建［M］.北京：北京大学出版社，

2011.

[11] 胡雅梅，万众. 拍卖制度与做市商制度的比较及其制度含义[J]. 经济研究参考，2002（91）：40-48.

[12] 胡海峰. 多层次资本市场：从自发演进到政府制度设计[M]. 北京：北京师范大学出版社，2010.

[13] 黄秀聪. 私募股权投资基金的法律监管问题研究[D]. 上海：华东政法大学，2012.

[14] 海通证券股份有限公司. 交易所机构投资者服务平台建设研究[R]. 上海：上证联合研究计划第二十四期，2011.

[15] 金永军. 债券市场场内外微观交易结构的趋势分析[J]. 证券市场导报，2009（4）：4-11.

[16] 金永军，扬迁，刘斌. 做市商制度最新的演变趋势及启示[J]. 证券市场导报，2010（10）：24-34.

[17] 孔翔. 我国需要什么样的证券非公开发行制度[J]. 证券市场导报，2006（2）：4-8.

[18] 孔凡保. 美国私募资本市场的发展与运作机制[J]. 经济与管理研究，2002（6）：49-51.

[19] 林煊. 柜台市场理论与实践研究[J]. 证券市场导报，1997（8）：4-19.

[20] 林俊波. 证券市场信息传导机制与信息披露制度研究[D]. 杭州：浙江大学，2005.

[21] 林凤，温小霓. 不对称信息、公司治理与金融介入[J]. 西安电子科技大学学报（社会科学版），2004（3）：53-57.

[22] 廖静池. 中国证券公司产品创新发展研究[R]. 深圳：深圳证券交易所综合研究所，2012.

[23] 鲁公路，李丰也，邱薇. 美国JOBS法案、资本市场变革与小企业成长[J]. 证券市场导报，2012（8）：10-18.

[24] 李冀峰，郎莹梅. 国外资本市场系列介绍之——美国的证券市场[J]. 产权

导刊，2005（9）：71.

［25］李明亮.券商将在证券柜台市场建设中发挥主导作用［R］.上海：海通证券研究所，2012.

［26］李清池，郭雳.台湾多层次证券市场的发展及借鉴［N］.上海证券报，2006-04-12.

［27］李响玲，周庆丰.试论我国场外交易市场法律制度的完善［J］.证券市场导报，2010（9）：58-63.

［28］李迅雷，等.我国新金融发展研究：现状和政策［M］.北京：中国金融出版社，2013.

［29］李晓峰.中国私募股权投资案例教程［M］.北京：清华大学出版社，2010.

［30］李学峰.国际资本市场中的做市商制度：功能、影响与趋势研究［J］.广东金融学院学报，2007（3）：48-53.

［31］李学峰，常培武.基于ANP方法的场外交易市场运行绩效综合评价——以美国、印度、英国和台湾地区为例的比较研究［J］.理论园地，2009（12）：87-93.

［32］李学峰，秦庆刚，解学成.场外交易市场运行模式的国际比较及其对我国的启示［J］.学习与实践，2009（6）：31-38.

［33］李宗怡.试析多层次股票市场体系做市商制度的引入［J］.改革与战略，2006（7）：58-62.

［34］刘俊.非上市公司监督管理办法点评：确立产外市场制度基石［R］.武汉：长江证券研究所，2012.

［35］刘逖.证券市场微观结构理论与实践［M］.上海：复旦大学出版社，2002.

［36］刘逖，叶武.全球大宗交易市场发展趋势及启示［J］.证券市场导报，2009（12）：11-16.

［37］刘逖.市场微观结构与交易机制设计：高级指南［M］.上海：上海人民出版社，2011.

［38］毛海栋.通过豁免的规制——美国私募基金规制政策的变迁和启示［J］.法

学评论，2013（1）：153-160。

[39] 倪军，孙婷.混业大趋势下的金融价值链解构［R］.上海：申银万国证券研究所，2013.

[40] 潘峰.美国投资银行买方业务转型失败案例教训与启示［J］.中国证券，2012（11）：263-274.

[41] 皮六一.中国证券交易制度的设计与变革研究［D］.上海：华东师范大学，2013.

[42] 齐凌峰.世界主要证券市场交易制度研究暨我国创业板交易制度的设想［D］.北京：中国社科院研究生院，2000.

[43] 任金芳，曾庆海，张晓琦.中美投资银行业比较及对我国的启示［J］.山东工商学院学报，2004，（5）：41-45.

[44] 史树中.金融经济学十讲［M］.上海：格致出版社，2011.

[45] 孙旭.美国证券市场信息披露制度研究［D］.吉林：吉林大学，2008.

[46] 斯科特·梅森.金融工程学案例：金融创新的应用研究［M］.胡维熊，译.大连：东北财经大学出版社，2001.

[47] 唐建新，李青原.资本结构、金融中介和公司治理［J］.南开管理评论，2002（2）：8-13.

[48] 唐应茂.美国144规则对我国存量股转让监管的借鉴意义［J］.证券市场导报，2013（1）：65-71.

[49] 塔玛.弗兰克.证券化——美国结构融资的法律制度［M］.北京：法律出版社，2008.

[50] 田存志.交易制度，交易策略与证券价格行为［M］.北京：中国社会科学出版社，2009.

[51] 汪丁丁.回顾"金融革命"［J］.经济研究，1997（12）：9.

[52] 王非.美国私募发行证券及转售法律问题研究［D］.北京：中国政法大学，2004.

[53] 王凤荣，邓向荣.国际投融资理论与实务［M］.北京：首都经济贸易大学出

版社，2010.

[54] 王在全. 美国场外交易市场发展对中国的启示 [J]. 政策研究，2013（6）：27-29.

[55] 王银凤. 美国证券柜台交易市场监管及启示 [J]. 证券市场导报，2013（8）：10-17.

[56] 闻岳春. 台湾多层次资本市场的形成、发展及对大陆的启示 [J]. 上海金融，2006（11）：56-60.

[57] 吴林祥. 证券交易制度分析 [M]. 上海：上海财经大学出版社，2002.

[58] 吴林祥，戴国强. 金融市场微观结构理论 [M]. 上海：上海财经大学出版社，1999.

[59] 吴忠群，张群群. 市场信息效率理论的新进展 [J]. 经济学动态，2012（5）：129-136.

[60] 肖百灵. 中国金融机构集合投资产品 [R]. 深圳：深圳证券交易所综合研究所，2012.

[61] 薛俊，沈维. 金融创新的系统性认识——基于美日比较 [R]. 上海：光大证券研究所，2012.

[62] 徐小俊，邓磊. PE在推动场外市场建设中的作用 [J]. 中国金融，2011（1）：72-74.

[63] 杨柏国. 中国私募法律规制研究 [D]. 上海：华东政法大学，2011.

[64] 姚秦. 债券市场微观结构与做市商制度 [M]. 上海：复旦大学出版社，2007.

[65] 叶武，刘逖. 交易成本分析：回顾与前瞻 [J]. 证券市场导报，2009（10）：4-11.

[66] 阎坤. 日本证券市场的发展及对我国的启示 [J]. 日本学刊，1993（3）：27-42.

[67] 曾冠. 另类交易系统的法律界定 [J]. 证券市场导报，2006（2）：25-30.

[68] 曾慧敏. 台湾兴柜市场功能定位研究及其对大陆借鉴 [D]. 北京：中央财经大学，2012.

[69] 战松. 制度与效率：基于中国债券市场的思考 [D]. 成都：西南财经大学，2006.

[70] 张晓文. 信息不对称视角的我国证券柜台市场效率研究 [D]. 太原：太原理工大学，2012.

[71] 张旭娟. 中国证券私募发行法律制度研究 [M] 北京：法律出版社，2006.

[72] 张陆洋，傅浩. 多层次资本市场研究：理论、国际经验与中国实践 [M]. 上海：复旦大学出版社，2009.

[73] 张立. 台湾地区多层次股票市场资源配置效率比较研究 [J]. 台湾研究集刊，2013（1）：47-54.

[74] 张元平，蔡双立. 境外证券柜台交易市场分析及对我国的启示 [J]. 北京工商大学学报（社会科学版），2008（3）：98-104.

[75] 张杰. 制度金融理论的新发展：文献述评 [J]. 经济研究，2011，46（3）：145-159.

[76] 张杰. 金融中介理论发展述评 [J]. 中国社会科学，2001（6）：74-84.

[77] 张萌. 美英三板市场的比较研究及借鉴作用 [D]. 天津：天津师范大学，2006.

[78] 张承惠. 台湾地区场外市场的特点与启示 [J]. 中国金融，2013（7）：44-46.

[79] 张玉明，等. 证券交易信息披露制度及其市场效应研究 [R]. 上海：上证联合研究计划第十二期，2005.

[80] 赵骅，张宗益，杨武. 做市商制度下证券价格的形成机制分析 [J]. 管理科学学报，2007（2）：90-94.

[81] 赵向琴，陈国进. 搜寻摩擦、货币和资产定价研究前沿 [J]. 经济学动态，2010（12）：100-104.

[82] 中国社科院世界经济与政治研究所国际金融研究中心课题组. 中国影子银行体系发展状况研究 [R]. 北京：中国社会科学院世界经济与政治研究所国际金融研究中心，2013.

[83] 周玲玲. 20世纪70年代以来美国投资银行变迁研究 [D]. 长春：吉林大学，

2011.

[84] 朱赟. 券商资管结构化产品创新图谱 [R]. 上海：申银万国证券研究所，2012.

[85] ADMATI A, PFLEIDERER P. Selling and trading on information in financial markets [J]. American Economic Review, 1988 (2): 96–103.

[86] ADMATI A. Information in financial markets: a rational expectations approach [J]. Financial Markets and Incomplete Information, 1989 (2): 139–152.

[87] ARROW K J. Collected papers of Kneeth J, Arrow, volume 4: the economics of information [M]. Cambridge Massachusetts: Belknap Press of Harvard University Press, 1984.

[88] AWREY D. Complexity, innovation and the regulation of modern financial markets [J]. Harvard Business Law Review, 2012, 2 (2): 235–294.

[89] AWREY D. Toward a supply-side theory of financial innovation [J]. Journal of Comparative Economics, 2013, 41 (2): 401–419.

[90] AXELSON U. Security design with investor private information [J]. Journal of Finance, 2007, 62 (6): 2587–2632.

[91] BACHELIER. Theory of speculation, the random character of stock market prices [M]. Massachusetts: M.I.T Press, 1900.

[92] BAGEHOT W. The only game in town [J]. Financial Analysts Journal, 1971, 27 (2): 12–14.

[93] BAIGENT G. Competitive markets and aggregate information [J]. Eastern Economic Journal, 2003, 29 (4): 593–606.

[94] BAKER W E. The social structure of a national securities market [J]. American Journal of Sociology, 1984, 89 (4): 775–811.

[95] BANERJEE A, FUDENBERG D. Word-of-mouth learning [J]. Games and Economic Behavior, 2004, 46 (1): 1–22.

[96] BARCLAY M, HENDERSHOTT T, MCCORMICK T. Competition among trading

venues: information and trading on electronic communications networks [J]. The Journal of Finance, 2003, 58 (6): 2637-2663.

[97] BIAIS B. Price formation and equilibrium liquidity in fragmented and centralized markets [J]. Journal of Finance, 1993, 48: 157-185.

[98] BIAIS B, GLOSTEN L, SPATT C. Market microstructure: a survey of micro foundations, empirical results and policy implications [J]. Journal of Financial markets, 2005 (8): 217-264.

[99] BIAIS B. Price formation and equilibrium liquidity in fragmented and centralized markets [J]. Journal of Finance, 1993, 48 (1): 157-185.

[100] BUFFA A M. Insider trade disclosure, market efficiency, and liquidity [J]. Working Paper, 2014.

[101] BUZBY S L. Company size, listed versus unlisted stocks and the extent of financial disclosure [J]. Journal of Accounting Research, 1975, 13 (1): 16-37.

[102] CARRUTHERS B G. Diverging derivatives: Law, governance and modern financial markets [J]. Journal of Comparative Economics, 2012, 41 (2): 386-400.

[103] CALEAGNO R, LOVO S. Bid-ask price competition with asymmetric information between market makers [J]. Review of Economic Studies, 2006, 73 (2): 329-355.

[104] CFA INSTITUTE. Market microstructure: The impact of fragmentation under the markets in financial instruments directive [R]. Technical Report, 2009.

[105] DEMARZO P, SKIADAS C. Aggregation, determinacy and informational efficiency for a class of economies with asymmetric information [J]. Journal of Economic Theory, 1998, 80: 123-152.

[106] DUFFIE D, ROHIT R. Financial market innovation and security design: an introduction [J]. Journal of Economic Theory, 1985, 65 (1): 1-42.

[107] DUFFIE D, GARLEANU N, PEDERSEN L. Over-the-counter markets [J]. Econometrica, 2005, 73: 1815-1847.

[107] DUFFIE D, GARLEANU, PEDERSEN.Valuation in over-the-counter markets [J]. Review of Financial Studies, 2007 (5): 1865-1900.

[108] DUFFIE D, GIROUX G, MANSO G. Information percolation [J]. American Economic Journal: Microeconomics, 2010 (2): 100-111.

[109] DUFFIE D, LI A, LUBKE T. Policy perspectives on OTC derivatives market infrastructure [R]. Federal Reserve Bank of New York, 2010.

[110] DUFFIE D. The failure mechanics of dealer banks [J]. Journal of Economic Perspectives, 2010, 24 (1): 51-72.

[111] DEMARZO P M. The pooling and trenching of securities: a model of informed intermediation [J].Review of Financial Studies, 2005, 18 (1): 1-35.

[112] EUGENE F. The behavior of stock market prices [J]. Journal of Business, 1965, 38: 34-105.

[113] FRANKLIN A, SANTOMERO A M. The theory of financial intermediation [J]. Journal of Banking &Finance, 1998, 21 (11-12): 1461-1485.

[114] GARMAN M. Market microstructure [J]. Journal of Financial Economics, 1976, 3 (3): 257-275.

[115] GILSON R J, KRAAKMAN R H. The mechanisms of market efficiency [J]. Virginia Law Review, 1984, 70 (4): 549-644.

[116] GLOSTEN L, MILGROM P. Bid, ask and transaction prices in a specialist market with heterogeneously informed traders [J]. Journal of Financial Economics, 1985 (13): 71-100.

[117] GOLOSOV M, LORENZONI G, TSYVINSKI A. Decentralized trading with private information [J]. Econometrica, 2014, 82 (3): 1055-1091.

[118] GREEN R C, HOLLIFIELD B, SCHURHOFF N. Financial intermediation and the costs of trading in an opaque market [J]. Review of Financial Studies, 2007, 20: 275-314.

[119] GROSSMAN S. On the efficiency of competitive stock markets where traders have

diverse information [J]. Journal of Finance, 1976, 31: 573-585.

[120] GROSSMAN S, JOSEPH S. On the impossibility of informationally efficient markets [J]. American Economic Review, 1980, 70 (3): 393-408.

[121] HASBROUEK J. Empirical market microstructure: the institutions, economics, and econometrics of securities trading [M]. New York: Oxford University Press, 2007.

[122] HASBROUEK J. One security, many market: determining the contribution to Price discovery [J]. Journal of Finance, 1995, 8: 1175-1199.

[123] HAYEK F. The use of knowledge in society [J]. American Economics Review, 1945 (4): 519-530.

[124] HELLWIG M. On the aggregation of information in competitive markets [J]. Journal of Economic Theory, 1980, 22 (3): 477-498.

[125] HOLDEN C W, SUBRAMHANYAM A. Long-lived private information and imperfect competition [J]. The Journal of Finance, 1992, 47 (1): 247-270.

[126] HUANG Y. The components of bid-ask spread and their determinants: TAIFEX versus SGX-DT [J]. Journal of Futures Markets, 2004, 24: 832-860.

[127] JACKSON M. Equilibrium, price formation and the value of private information [J]. Review of Financial Studies, 1991, 4 (1): 1-16.

[128] KYLE A. Continuous auctions and insider trading [J]. Econometrica, 1985, 53 (6): 1315-1335.

[129] KYLE A. Informed speculation with imperfect competition [J]. The Review of Economic Studies, 1989, 56 (9): 317-355.

[130] LAZONICK W. Innovative business models and varieties of capitalism: financialization of the U.S. corporation [J]. Business History Review, 2010, 84 (4): 545-702.

[131] LIN J C, HOWE J S. Insider trading in the OTC market [J]. The Journal of Finance, 1990, 45 (4): 1273-1284.

[132] MADHAVAN A, PORTER D, WEAVER D. Should securities markets be transparent [J]. Journal of Financial Markets, 2000, 8 (3): 265-287.

[133] MADHAVAN A. Market microstructure: a survey [J]. Journal of Financial Markets, 2000 (3): 205-258.

[134] MADHAVAN A, PANCHAPAGESAN V. Price discovery in auction markets: a look inside the black box [J]. Review of Financial Studies, 2000, 13 (3): 627-658.

[135] MAYERS S C, MAJLUF N S. Corporate financing and investment decision when firms have information that investors do not have [J]. Journal of Financial Economics, 1984, 13 (2): 187-221.

[136] MERTON R C. On the application of the continuous-time theory of finance to financial intermediation and insurance [J]. Geneva Papers on Risk and Insurance Theory, 1989 (14): 225-261.

[137] MERTON R C. A functional perspective of financial intermediation [J]. Financial Management, 1995, 64: 23-41.

[138] MICHAEL S. Job market signaling [J]. The Quarterly Journal of Economics, 1973, 87: 355-374.

[139] MILGROM P. Rational expectations, information acquisition, and competitive bidding [J]. Econometrica, 1981, 50: 1089-1122.

[140] MILGROM P, STOKEY N. Information, trade, and common knowledge [J]. Journal of Economic Theory, 1982 (2): 17-27.

[141] MIZRACH B, NEEL C J. The transition to electronic communication networks in the secondary treasury market [R]. St. Louis: Federal Reserve Bank of St. Louis Review, 2006, 88.

[142] MOSCARINI G, OTTAVIANI M, SMITH L. Social learning in a changing world [J]. Economic Theory, 1998, 11: 657-665.

[143] MUTH J. Rational expectations and the theory of price movements [J].

Econometrica, 1961, 29: 315-335.

[144] NEILL M O. Do institutions care about market structure [J]. Journal of Economics and Finance, 2008 (1): 50-62.

[145] NYSTEDT J. Derivative market competition: OTC markets versus organized derivative exchanges [C]. Washington DC: IMF Working Paper, 2004.

[146] O'HARA M. Market microstructure theory [M]. Cambridge: Basil Blackwell Publisher, 1995.

[147] O'HARA M, OLDFIELD G. The microeconomics of market making [J]. Journal of Financial and Quantitative Analysis, 1986, 21: 361-376.

[148] O'HARA M, YE M. Is market fragmentation arming market quality [J]. Journal of Financial Economic, 2011, 100 (3): 459-474.

[149] PANGNO M. Transparency, liquidity: a comparison of auction and dealer markets with informed trading [J]. Journal of Finance, 1989, 51: 559-611.

[150] RENY P, PERRY M. Toward a strategic foundation for rational expectations equilibrium [J]. Econometrica, 2006, 74: 1231-1269.

[151] ROSS S A. Institutional markets, financial marketing, and financial innovation [J]. The Journal of Finance, 1989, 44 (3): 541-556.

[152] STIGLIER G. The economics of information [J]. Journal of Public Economy, 1961, 69: 213-225.

[153] SHY O, STENBACKA R. Market structure and diversification of mutual funds [J]. Journal of Financial Markets, 2003, 6: 607-624.

[154] SUBRAHMANYAM A, TITMAN S. The going-public decision and the development of financial markets [J]. Journal of Finance, 1999, 54 (3): 1045-1082.

[155] THEISSEN E. Market structure, informational efficiency and liquidity: an experimental comparison of auction and dealer markets [J]. Journal of Financial Markets, 2000, 3 (4): 333-364.

[156] U.S SECURITIES AND EXCHANGE COMMISSION. Concept release on equity

market structure; proposed rule [R]. Washington DC: Federal Register, 2010, 75: 3593-3614.

[157] VEGA C. Stock price reaction to public and private information [J]. Journal of Financial Economics, 2006, 82 (1): 103-133.

[158] VIVES X. How fast do rational agents learn [J]. The Review of Economic Studies, 1993, 60 (2): 329-347.

[159] WESTON J P. Electronic communication networks and the liquidity of nasdaq [J]. Journal of Financial Services Research, 2002, 22: 125-139.

[160] YALLOP M. The future of the OTC market [R]. ICAP White Paper, 2008.

[161] ZHU H. Do dark pools harm price discovery [J]. The Review of Financial Studies, 2014, 27 (3): 747-789.

[162] ZHU H. Finding a good price in opaque over-the-counter markets [J]. The Review of Financial Studies, 2012, 25 (4): 1255-1285.